本书获得河南省哲学社会科学规划年度项目（编号：2024BJJ048）、河南省重点研发与推广专项（科技攻关）项目（编号：242102321070）、河南财经政法大学校级研究课题（编号：23HNCDXJ33）的资助

再制造

闭环供应链的产品
担保策略与协调研究

| 李宁 ◎ 著

经济管理出版社
ECONOMY & MANAGEMENT PUBLISHING HOUSE

图书在版编目（CIP）数据

再制造闭环供应链的产品担保策略与协调研究 / 李宁著. -- 北京 : 经济管理出版社，2025. 2. -- ISBN 978-7-5243-0027-4

Ⅰ. F426.4

中国国家版本馆 CIP 数据核字第 2025BQ6848 号

组稿编辑：杜　菲
责任编辑：杜　菲
责任印制：许　艳
责任校对：蔡晓臻

出版发行：经济管理出版社
　　　　　（北京市海淀区北蜂窝 8 号中雅大厦 A 座 11 层　100038）
网　　址：www. E-mp. com. cn
电　　话：(010) 51915602
印　　刷：唐山玺诚印务有限公司
经　　销：新华书店
开　　本：720mm×1000mm/16
印　　张：13.5
字　　数：207 千字
版　　次：2025 年 2 月第 1 版　　2025 年 2 月第 1 次印刷
书　　号：ISBN 978-7-5243-0027-4
定　　价：88.00 元

前　言

　　环境污染与资源短缺已成为严重困扰人类社会可持续发展的重大问题。再制造是环保产业的重要技术基础与循环经济再利用的高级形式，是解决环境污染与资源短缺的有效途径之一。尽管再制造产品的质量性能与新产品并无大的差异，但由于其零部件大多来源于废旧产品，消费者在做出购买决策时还是会存有顾虑，其损失厌恶与风险规避倾向导致再制造产品的销售出现问题。因此，再制造产品在销售过程中往往更需要提供产品担保服务，以提高顾客的购买意愿，但同时也会产生相应的担保成本，从而对再制造闭环供应链的整体运行产生一定的影响。

　　再制造闭环供应链是制造与再制造共存情况下的供应链系统，当前已成为理论研究的热点。在闭环供应链网络设计、回收渠道的选择、再制造产品的定价机制以及闭环供应链的协调等方面均取得了较为丰富的研究成果。但关于产品担保对再制造闭环供应链系统的影响进行深入研究的成果还不多见，由此，本书从产品担保的视角出发研究再制造闭环供应链的运作机制，旨在推进再制造闭环供应链理论的发展，并为我国政府以及从事再制造生产运营的企业提供决策参考。

　　本书运用博弈论、运筹学、最优化理论等方法，立足于国情特色，从产品担保的视角出发，构建适应循环经济发展的再制造闭环供应链决策模型，对再制造闭环供应链内生产商、分销商以及再制造闭环供应链系统的决策过程进行较为深入和系统的探讨分析，具体研究内容如下：

　　首先，综述相关文献。梳理国内外再制造闭环供应链、产品担保的发展历程与研究现状，分析存在的问题与发展趋势；总结再制造闭环供应链、产品担保以及再制造产品担保的相关原理，为后续研究提供理论依据。

其次，探讨产品担保的决策边界条件。假定产品担保的责任主体为生产商，将产品担保期限对再制造产品销售量与担保成本的影响加入生产商收益函数中，通过比较生产商对再制造产品是否提供担保的收益，分析对再制造产品提供担保的决策边界条件；进一步扩展担保服务对象，探讨生产商对新产品、再制造产品均提供担保服务的决策边界条件。

再次，研究产品担保责任主体的选择依据。再制造产品担保的责任主体可能为生产商、分销商或者再制造闭环供应链，在担保期限相同的条件下，三方分别独立对再制造产品提供担保，构建各自的收益目标函数，应用最优化理论求解各模型中再制造产品的最优定价、销量以及系统收益，并对其进行比较，选择能使系统收益达到最高的作为产品担保的责任主体；在三方提供不同期限担保的条件下，进一步对产品担保的责任主体进行优化。

最后，分析引入产品担保因素的再制造闭环供应链协调策略。在生产商对再制造产品提供担保的条件下，构建由生产商为领导者、分销商为跟随者的 Stackelberg 博弈模型，求解分散式决策模式下再制造闭环供应链系统的最优收益，将其与集中式决策下的系统收益进行比较，分析分散式决策与集中式决策下系统收益差异的原因，探讨能使分散式决策模式下系统内各主体自觉接受并执行的收益共享契约，实现再制造闭环供应链的协调；进一步将产品担保的范围进行扩展，探讨生产商对新产品、再制造产品均提供担保条件下的再制造闭环供应链的协调策略。

本书的创新点主要为：首先，构建了包括产品担保因素的再制造闭环供应链决策模型。通过分析产品担保对再制造闭环供应链内各主体收益的影响，将产品担保期限、担保成本等因素引入生产商、分销商、再制造闭环供应链的收益函数中，构建出新的再制造闭环供应链决策模型。

其次，优化了再制造闭环供应链中产品担保的期限。在界定产品保证的决策边界条件、明确提供保证主体的选择依据以及探讨再制造闭环供应链协调策略的过程中，通过分析再制造闭环供应链内各主体的收益，探讨产品生产成本、市场需求、回收价格等因素对其担保期限的影响，并对新产品、再制造产品的担保期限进行了优化。

再次，扩大了再制造闭环供应链中产品担保责任主体的选择范围。除生产商外，分销商、再制造闭环供应链也可以为再制造闭环供应链内产品提供担保服务。

最后，细化了产品担保服务的对象与策略。在研究产品担保决策边界与再制造闭环供应链协调策略时，区分仅有再制造产品被提供担保和再制造产品、新产品均被提供担保的两种情况；在探讨提供担保主体的选择时，区分各主体对再制造产品担保期限相同和不相同的两种情况，使研究结果更加符合市场经济的实际。

在本书的撰写过程中，笔者的博士生导师李帮义教授对本书的写作思路与内容进行了详细的审阅和指正。河南财经政法大学的何惠教授、陈浩东副教授对本书的撰写工作给予了多方面的建议。研究生韦啸、李巧丽、陈彦冰、许亚飞、赵郑浩同学为本书的编写做了大量的资料收集工作。在此，对各位付出的智慧和辛劳表示最真诚的感谢和最崇高的敬意。此外，本书在撰写和编辑过程中参考和引用了国内外大量专家学者的文献，在此一并表示最诚挚的谢意！

本书的出版得到了河南省哲学社会科学规划年度项目（编号：2024BJJ048）、河南省重点研发与推广专项（科技攻关）项目（编号：242102321070）、河南财经政法大学校级研究课题（编号：23HNCDXJ33）的资助，在此表示感谢！

由于水平有限，成书时间比较仓促，又限于相关资料、资源等因素的限制，书中难免会存在一些不足和错误之处，恳请各位专家、同行和读者批评指正。

2024 年秋于河南财经政法大学

目　录

第一章

绪　论

自改革开放以来，我国经济发展取得了巨大成就，2016 年，我国 GDP 总量已达 74.4 万亿元，位居世界第二；经济增速为 6.7%，在全世界范围内名列前茅。但由于缺乏对环境保护重要性的认识，在取得上述成就的同时我们也付出了环境遭受严重破坏的代价，致使当前我国经济与社会的可持续发展受到严重制约。由此，发展循环经济就成为我国加快转变经济发展方式，构建资源节约型、环境友好型社会的必然选择。

一、问题的提出

（一）循环经济与再制造

循环经济是在物质循环、再生、利用的基础上发展的经济，是一种建立在资源回收和循环再利用基础上的经济发展模式。按照国家发展改革委对循环经济的定义，循环经济是一种以资源的高效利用和循环利用为核心，以减量化、再利用、资源化为原则，以低消耗、低排放、高效率为基本特征，符合可持续发展理念的经济增长模式，是对大量生产、大量消费、大量废弃的传统增长模式的根本变革。

结合我国基本国情，徐匡迪院士将传统循环经济的 3R 模式——减量化（Reduce）、再利用（Reuse）、再循环（Recycle），增加为包含再制造（Remanufacture）的 4R 模式。所谓再制造，是指基于产品的全寿命周期理论为指导，以优质、高效、环保、节能为原则，依靠先进科技和产业化的手段，对回收产品进行修复，旨在获得价值恢复的一系列技术活动和生产的总称（徐滨士等，2004）。未来影响节能环保产业的重要基础技术之一就是再制造的水平，其通过清洁修复、表面工程、快速成型等先进技术，获得与新产品质量无异的再制造产品，从而实现循环经济再利用的高级表现形式；同时再制造能够充分发掘、利用废旧产品中蕴含的各种资源，减少原材料的使用，降低生产运营成本。

与制造新产品相比，再制造产品的质量、性能并没有降低，可节省50%左右的成本、60%左右的能源、70%左右的原材料，并且几乎不会产生固体废弃物，对环境的不良影响也大幅减弱（徐滨士，2011）。自 20 世纪 80 年代初美国最早提出"再制造"概念后，发展再制造产业成为欧美等发达国家的共识。经过几十年的发展，再制造产业已成为各工业强国经济的重要组成部分。相关资料显示：2000 年美国从事再制造生产运营的企业就已达 7 万多家，解决就业 48 万余人，产值超 500 亿美元（Guide et al.，2000）；截至 2004 年，德国大众公司累计已销售再制造汽车发动机 748 万台、再制造变速器 240 万台，从而实现再制造发动机与新生产发动机的销售比例达 9∶1；2005 年，全球再制造产业的总产值达到 1000 亿美元，其中以美国份额最高，约为 750 亿美元（刘渤海，2012）。

为激励相关企业进行再制造生产，充分挖掘发展再制造产业的经济、社会效益，各国政府均相继出台多项政策措施。例如，1998 年，美国联邦商会通过了再制造商品可明确以"再制造"标识进行销售；纽约市政府自 2000 年开始对从事再制造生产经营的相关企业给予税费优惠；从 2000 年起，欧盟开始对购买再制造产品的企业减税 20%。为推动再制造产业的发展，我国政府也推出了一系列政策法规。例如，2005 年，国务院发布的《关于加快发展循环经济的若干意见》，其中明确提出支持再制造的发展，要求各级地方政府将再制造技术列为关键、共性建设项目之一，并给予大量经费支持。2008 年 3 月，国家发展和改革委首次启动了第一批再制造产业试点工作，首批再制造企业由 14 家汽车零部件企业组成。2009 年 1 月，《循环经济促进法》的实施进一步将再制造纳入法律规范，其第 40 条明确指出："国家支持企业开展包括机动车零部件、工程机械、机床等产品的再制造和轮胎翻新。"国家发展和改革委联合 11 个部门于 2010 年 5 月 31 日发文，宣布我国再制造的重点为汽车发动机、变速箱、发电机等产品及其相关零部件，并进一步拓宽包括传动轴承、水泵、机油泵等的再制造试点范围；同时，大力推进工程机械产品、各种机床、大型废旧轮胎的再制造发展。2011 年 3 月，《中华人民共和国国民经济和社会发展第十二个五年规划纲要》在第十一届全国人民代表大会第四次会议上批准通过，明确要求加快完善再制造废旧零件回收体系，推进再制造产业发展。

　　随着我国政府对再制造支持力度的不断加大，越来越多的企业开始选择进入再制造产业。当前我国再制造产业已迎来良好的发展时机，2020 年，我国再制造产业的规模达到 2000 亿元，其中仅汽车零部件再制造的市场就有 600 亿元左右。但由于我国再制造起步较晚，在民众认识、废旧产品回收、再制造关键技术以及市场管理监督制度等方面还存在不少问题，进一步的发展仍面临诸多挑战，需要政府、相关科研院所与企业对再制造闭环供应链系统进行理论与实践方面的探讨和研究。

（二）再制造产品与产品担保

　　如果一件产品的基本零件来源于寿命终结的废旧产品，并通过再制造过程恢复了其性能与品质，则这件产品就可以称为再制造产品（丁雪峰，2010）。再制造产品属于绿色环保产品，其质量、性能与新产品相比并无差异，但由于零部件来源于废旧产品，加之大部分消费者对再制造过程认识不够，因此在销售过程中往往产生一定的误解，甚至被认为与二手产品等同。Hutchens 和 Hawes（1985）通过分析再制造产品的销售过程发现，只有消费者认可并信任再制造产品的质量时，才会对其产生购买欲望。如果消费者对再制造产品的质量、性能产生疑虑，其损失厌恶与风险规避倾向就会使再制造产品的销售出现危机。为消除市场对再制造产品的这种不信任，再制造产品在销售过程中一般都会伴随产品担保一同出售，以此保证消费者的合法权益不受损害。产品担保是一种能够向消费者传递产品质量信息的有效信号机制，它是生产商或零售商、分销商等担保方在销售过程中就产品的技术性能、使用效果及维修等方面向消费者提供的义务与责任担保（于俭，2006）。

随着消费者自我保护、维权意识的逐渐增强，以及产品责任相关法律的日益完善，再制造产品的竞争重点已从产品质量、价格转为产品可靠性、售后服务等方面。在新产品更新换代不断加快以及同类别再制造产品差异逐渐缩小的情况下，再制造企业能否在市场中生存发展将更多地取决于其对再制造产品所提供的担保服务。完善的产品担保服务可有效提高顾客的购买意愿，进而促进其市场销量与利润的增长，但也会产生相应的担保成本，从而对再制造闭环供应链的整体运行产生一定的影响。

随着我国再制造产业的飞速发展，相关企业将越来越多地面临与再制造产品担保相关的决策问题。因此，有必要从产品担保的视角出发，对再制造闭环供应链的运作机制进行深入的探讨研究，具体包括以下三个方面的内容：首先，再制造闭环供应链内提供产品担保的决策边界条件应如何界定；其次，如果决定对闭环供应链内的产品提供担保服务，提供担保的责任主体应如何选择；最后，如何在引入产品担保因素的环境下，实现再制造闭环供应链的协调。

二、选题意义

再制造产品的获利性是决定再制造行业内相关企业生存发展的关键，

多数再制造企业都以闭环供应链理论来指导废旧产品回收、再制造产品生产及销售等活动,以期实现企业经济效益与社会环境效益的双赢。本书将产品担保因素引入再制造闭环供应链的研究中,对闭环供应链内各主体成本收益关系进行定量分析,探讨生产商提供产品担保的决策边界、闭环供应链内提供产品担保的主体或责任主体选择、再制造闭环供应链的协调策略。这些问题的探讨不仅可以进一步丰富再制造的理论基础,也可以为我国再制造企业的生产运营提供决策参考。

(一) 理论意义

经济的飞速发展加剧了环境的恶化与资源的短缺,而再制造则是解决该难题的有效对策之一。在当前国内外众多学者对闭环供应链的相关研究中,再制造闭环供应链的运作机制问题因关系到整个系统的成长与发展,一直都是学者研究的热点,目前虽已取得了一定成果,但大多并没有对产品担保因素在其中的作用给予足够的关注。本书立足于此,从产品担保的视角出发,对再制造闭环供应链的运作机制问题展开研究,如提供产品担保的决策边界、产品担保责任主体的选择、加入担保因素的再制造闭环供应链协调等,从而将再制造相关理论体系进行完善。

(二) 现实意义

为发展绿色经济,实施节能减排,我国必须通过发展再制造产业实现经济社会可持续发展的目标。具体原因可概括为:一方面,中国的制造业、人力资源优势为发展再制造产业创造了条件,奠定了比较坚实的基础;另一方面,再制造产业的发展可以提升我国制造业的水平,实现制造业与再制造产业的协调集聚发展。但在当前我国再制造产业还停留在基本认识与初级实验探索阶段的具体情况下,各企业并没有足够的积极性进入再制造产业。对于再制造产品的担保行为能否获利、再制造产品担保责任主体选择等问题,相关企业并没有清晰深刻的认识,从而严重阻碍了中国再制造产业的生存与发展。本书通过对再制造闭环供应链运作机制问题的研究，为再制造企业提供发展策略，使其在节约资源、保护环境与技术升级的前提下认识到产品担保对于再制造产品的重要性，帮助其制定正确的产品担保策略，同时实现企业经济效益与社会环境效益的最优化。

三、文献综述

（一）再制造与闭环供应链

再制造与闭环供应链的研究虽然起步较晚，但经过 20 多年的发展，国内外众多学者从不同角度对这方面的问题进行了探讨，至今已获得了较为丰富的研究成果。梳理上述成果可以发现，与本书内容相关的研究成果主要包括闭环供应链物流网络设计、闭环供应链回收渠道选择、再制造产品定价以及闭环供应链的协调四个方面。

1. 闭环供应链物流网络设计

将传统正向供应链物流网络与逆向物流系统整合在一起，形成一个完整且封闭的供应链物流网络，就可以被称为闭环供应链物流网络，其涵盖了生产、销售、回收以及再制造等环节。闭环供应链物流网络设计通常包括从回收设施的布局、数量到网络层级设置等一系列内容，是对闭环供应链进行分析研究的基础，并对整个系统的运行有重要的影响作用。

国外学者对闭环供应链物流网络设计问题进行了较为深入的研究。例如，Thierry 等（1995）对新产品与再制造产品质量无差异条件下的回收管理问题进行了研究，通过构建正向物流与逆向物流整合的网络模型，给出了以成本最小化为目标的最优解。Fleischmann 等（2000）通过对产品回收下的物流网络的分析，设计出与再利用、再循环以及再制造等物流网络相适应的生产计划，发现包括产品回收的物流网络与传统网络的主要区别为回收产品在数量、质量等方面存在不确定性。Shih（2001）研究了我国台湾地区电子产品的逆向物流网络设计问题，通过构建混合整数规划模型，探讨了回收网络成员数量、位置以及服务区域的最优决策范围。Krikke 等（2003）应用混合整数规划方法建立了多目标的制造/再制造网络系统模型，研究冰箱产品的闭环供应链物流网络设计问题。Listes 和 Dekker（2005）在回收不确定环境下，应用随机规划的方法研究了回收网络的选址设计问题，并通过对多种选址方案的分析比较得出最优的选址设计。Salema 等（2007）建立了不确定需求环境下的多产品逆向物流网络模型，并采用整数规划的方法对逆向物流网络设计问题进行了研究。Min 和 Ko（2008）应用混合整数规划与遗传算法对逆向物流网络设计进行了研究，并分析了第三方物流服务商维修设施的选址与配置策略。Srivastava（2008）对由一个回收中心与两个返工中心构成的逆向物流网络模型进行了分析，通过描述性建模提出了逆向物流网络的整合化概念框架。Francas 和 Minner（2009）研究了在需求与回收均为不确定环境下的闭环供应链网络设计问题，发现网络规模、制造/再制造投资成本与市场结构均会对网络结构的选择产生影响。Sasikumar 等（2010）以废旧轮胎的回收再制造为例，通过建立非线性混合整数规划模型，探讨了多层逆向物流网络的设计问题，并给出了网络中各种设施的选址以及运输规划的优化选择。Pishvaee 等（2011）研究了输入不确定环境下的闭环供应链网络设计问题，并应用扩展的鲁棒优化方法对混合整数线性规划下的闭环供应链网络模型进行了探讨分析。Subramanian 等（2013）通过整数线性规划方法对回收与需求不确定下的闭环供应链网络模型进行分析，探讨了单产品、单周期的闭环供应链网络设计问题。Kannan 等（2014）通过构建混合整数规划模型对闭环供应链网络设计问题进行了研究，并在战略与操作两个层面上分析了三种算法的效率，发现嵌套式算法能提供最优的问题解决方案。Subulan 等（2015）将金融风险因素引入闭环供应链网络设计的研究中，通过对多目标混合整数规划模型的求解，发现从计算效率、解决方案质量以及不确定性控制等方面来看，采用下行风险模型来进行闭环供应链网络设计优化是比较有效的。Jeihoonian 等（2016）对基于通用模块化设计的耐用产品闭环供应链网络设计问题进行了研究，并构建混合整数规划模型分析优化了闭环供应链网络中各类设施的地址选择。Keyvanshokooh 等（2016）探讨了单一产品多周期闭环供应链网络的设计问题，在运输成本、需求与回收均为不确定的环境下，采用将鲁棒分析与随机分析相组合的方法对闭环供应链网络进行优化设计。Jabbarzadeh 等（2018）通过构建面对干扰时具有弹性的闭环供应链网络模型，提出了一种拉格朗日松弛算法，将不同情景下的供应链运作成本降到最低。Hajiaghaei–Keshteli 和 Fard（2019）将运输中的成本折扣因素加入多目标可持续闭环供应链的模型中，提出了一种新的混合整数非线性规划方法。Yolmeh 和 Saif（2021）将制造商、再制造商、组装中心、中间中心和客户中心加入闭环供应链的网络设计中，探讨了需求和返回不确定性下装配拆卸线平衡相结合的闭环供应链网络设计问题。Abad 和 Pasandideh（2021）将定位设施与运输方式等因素加入闭环供应链的网络规划模型中，探讨了不确定性对绿色闭环供应链网络设计的影响，并基于帕累托最优分析比较了不同解决方案在成本期望值、成本方差等方面的差异。

国内学者也对闭环供应链物流网络设计问题进行了研究并取得了一定的成果。例如，达庆利等（2004）较为系统地研究了逆向物流系统结构，包括逆向物流网络系统的结构特征、设计原则以及选址等。顾巧论和陈秋双（2004）构建了混合整数规划模型，分析了制造/再制造物流网络的结构，并选择典型案例对此问题展开了进一步的探讨。孙沛涛和孙俊清（2005）通过构建包括检测中心、生产加工中心以及正向、逆向物流分配的混合整数规划模型，对在保修期内出现问题的返厂产品闭环供应链物流网络进行了研究。代颖和马祖军（2007）运用混合整数规划的方法建立了制造/再制造集成物流网络优化设计模型，明确了物流网络中分销与回收中心的位置、数量与各路径的物流分配量。伍星华等（2010）对回收产品再制造物流网络优化设计问题进行了探讨，通过构建包括回收中心、再制造中心以及消费区域在内的三层逆向物流网络设计模型，从而获得物流网

络中各设施的最优化数量、位置和各路径上的最佳物流分配。元方和李华
（2008）创建了混合整数规划模型，研究了动态再制造闭环供应链网络设
计，从而优化了闭环供应链网络内不同设施的数量以及各设施之间的流
量。孙浩（2009）通过构建正向与逆向物流均为双层结构的制造/再制造
物流网络，对制造/再制造网络设施选址进行了研究，并设计出一种将禁
忌搜索法与遗传算法相混合的启发式算法，解决了网络中多阶运输问题。
房巧红和陈功玉（2010）采用随机规划法，建立了回收产品数量受到约束
的再制造逆向物流网络多目标规划模型，发现回收的不确定与多目标均会
对再制造逆向物流网络结构产生影响。刘妍（2010）将竞争因素引入闭环
供应链网络设计中，从而构建出多级闭环供应链网络模型，并从市场份额
最大、运营成本最小的目标出发对模型进行分析，对闭环供应链内设施的
选址进行优化。李帅和郭海峰（2013）应用混合整数规划方法，探讨电子
商务环境下带有退货需求的闭环供应链网络设计问题，并以总成本最小化
为目标，确定了闭环供应链网络中各种设施的选址与其相互之间的物流
量。杨玉香等（2014）基于再制造的功能活动，给出了闭环供应链间竞争
下的网络结构，并应用变分不等式理论，构建了连续变量下的闭环供应链
网络设计模型，通过对模型的分析求解，研究了闭环供应链间存在竞争的
网络设计问题。袁晓丽和王长琼（2014）从闭环供应链中各功能活动产生
的碳排放出发，构建了以运营成本与碳足迹最小为目标的闭环供应链网络
优化模型，并以某笔记本电脑生产商所在的闭环供应链为实例，研究了整
个产品生命周期碳排放的计算方法。高举红等（2015）通过构建市场不确
定环境下的多层级、多产品的闭环供应链网络规划模型，探讨了政府的碳
补贴强度变化对市场中绿色消费者比例，以及闭环供应链网络设计的影
响。王春阳等（2016）基于低碳理念，对以网络运营成本、碳排放成本和
顾客需求响应时间成本最小化为优化目标的闭环供应链网络设计进行了研
究，通过对多目标规划模型的分析，确定了闭环供应链内各设施的最优位
置、建设方式以及各设施间物流量的分配。李进（2018）针对低碳环境下
多级闭环供应链网络设计的战略定位和配置问题，综合考虑网络参数的模

糊性以及多产品流，以供应链网络的总成本和总碳排放最小为目标构建了多目标鲁棒模糊优化模型。张桂涛等（2018）在多规划期情景下构建由制造商、零售商和需求市场组成的多期闭环供应链网络模型，通过对再制造投资影响因子、政府最低可再制造水平、消费者对再制造品的评价系数等参数的分析，研究了产品可再制造性设计水平决策问题。徐明姣和周岩（2018）研究了考虑零售商后悔规避行为的闭环供应链网络均衡问题，通过使用变分不等式法得出了制造商、零售商、需求市场以及整个闭环供应链网络的均衡条件，发现与后悔中性结果相比，零售商的后悔规避行为会增加其交易量、减少其效用，随着后悔规避程度的不断增加，制造商的利润和零售商的效用均会下降。袁猛等（2018）通过构建加入碳排放权交易政策的闭环供应链网络模型，探讨了碳排放权约束下风险规避型闭环供应链网络的决策问题，发现当政府放宽对高排放企业的管制时，可以通过增加产能和提高销量来获得利润，提高低碳排放企业的碳配额分配并同时调整碳配额出售价格，使低碳排放企业获得利润。张鑫等（2020）将经济、环境与社会等因素加入模糊环境下多级闭环供应链网络设计中，构建了可持续闭环供应链的多目标模糊规划模型。顾秋阳等（2021）通过构建考虑碳排放量与数量折扣的多目标、多周期、多产品限量绿色闭环供应链网络多目标决策优化模型，在降低成本与污染的同时最大限度地提高客户满意度。董海和吴瑶（2021）针对闭环供应链网络优化设计问题，建立了一种基于 Me 测度的闭环供应链网络多目标优化设计模型，以此降低供应链网络设计中不确定性因素在求解时的影响。李鹏宇等（2021）通过引入影子价格作为环境指示因子，构建出由供应商、制造商、零售商、需求市场以及回收中心组成的闭环供应链网络模型，并指出排放惩罚与回收奖励应大于相应的影子价格，这些影子价格作为环境指示因子有益于相应环保政策的制定。管倩和杨玉香（2021）在产品市场需求量、回收质量不确定条件下，设计出多级、多产品闭环供应链网络模型，发现碳税政策虽能降低闭环供应链碳排放，但会导致总成本上升，不确定水平和碳税名义值的变化会影响成本、碳排放以及运输模式的选择。杨玉香等（2022）通过构建由多个制造/再制造工厂与需求市场构成的闭环供应链网络模型，采用单一比例和超额累进碳税政策分别计算企业需支付的碳税总额，探讨两种碳税政策下闭环供应链网络各成员的均衡条件。赵京彪等（2022）基于非合作博弈理论构建出闭环供应链网络均衡模型，研究了成本信息不对称对闭环供应链网络均衡决策及利润的影响，发现制造商或零售商低报其成本信息时，虽然会增加其利润，但同时也会损害不隐瞒成本信息的决策者的利润；反之，在高报成本信息时的结果相反。

2. 闭环供应链回收渠道选择

闭环供应链是一个复杂系统，由正向物流与逆向物流相互融合而成，与传统正向供应链的最大区别在于对废旧产品的回收利用，而回收需要一定的渠道资源，对相关企业的管理者来说，确定合适的回收渠道是战略决策的重点，关系到整个企业的生存与发展。对该问题的探讨已成为国内外学者关注的焦点问题，如 Fleischmann（2001）通过研究逆向物流回收模式的选择问题，对各模式的特点进行了比较。Savaskan 等（2004）通过对分散式决策模式下闭环供应链的分析，研究了再制造闭环供应链的三种回收模式——生产商回收、分销商回收以及第三方回收，发现零售商与消费市场的距离最近，由其负责回收时系统的效率最高。进一步地，Savaskan 和 Van Wassenhove（2006）将回收渠道分为直接回收与间接回收两种，通过对零售商竞争环境下闭环供应链回收渠道选择问题的研究，发现供应链利润在直接回收下主要受回收规模的影响，而在间接回收下主要受供应链成员竞争行为的影响。姚卫新（2004）通过比较闭环供应链以生产商、分销商以及第三方回收商作为回收主体时，系统内各方的收益以及产品的定价、回收率等指标，发现在分销商回收模式下生产商和分销商获得的收益最高，而在第三方回收模式下他们的收益最低。孙国华等（2006）通过构建由一个生产商与两个分销商组成的双层再制造网络模型，研究了由分销商负责回收的生产商与分销商协调决策问题，并对零售商的最优销售与回收策略进行了探讨。魏洁（2006）在假设需求函数为非线性的基础上，对生产者责任延伸下的回收渠道选择问题进行了研究。王发鸿和达庆利

（2006）从生产商的收益决策出发，对废旧电子产品社会平台回收系统、行业联盟回收系统以及自建回收系统进行了比较分析，指出自建回收系统虽然回收努力系数可能最低，但却可以获得系统的最高收益，生产商应在综合考虑各类回收系统特点与环保法律具体要求的基础上，优化对回收模式的选择决策。周垂日（2006）通过构建电子产品逆向物流网络模型，探讨了生产商在生产者责任延伸的要求下，对于分销商回收、第三方回收以及联合体回收三类逆向物流渠道的选择问题。葛静燕等（2007）从社会环保意识的角度出发，应用博弈理论研究了由一个生产商与一个分销商构成的闭环供应链系统，比较了分散式决策下生产商、分销商分别作为回收主体时系统内各方的最优定价策略与最大收益。易余胤（2008）通过构建由一个生产商、两个分销商构成的闭环供应链博弈模型，研究了三种市场结构（生产商领导的 Stackelberg 博弈、分销商领导的 Stackelberg 博弈、生产商与分销商 Nash 均衡）下闭环供应链成员的市场力量对回收效率、均衡价格以及均衡利润的影响。进一步来看，易余胤（2009）还构建了具有竞争性的闭环供应链博弈模型，探讨了生产商领导、分销商领导及无领导三种市场力量结构分别对产品回收率、销售价格、系统成员利润和总利润的影响。韩小花（2008）应用博弈理论研究了闭环供应链的回收渠道选择问题，发现生产商之间与分销商之间的竞争将会影响回收渠道的选择。高阳和李辉（2011）探讨了回收质量不确定情况下的闭环供应链回收渠道选择问题，通过构建 Stackelberg 博弈模型，对生产商回收、分销商回收、第三方回收以及集中式决策四种模式下系统内各方的最优定价、利润进行分析比较，发现生产商的风险偏好会对闭环供应链回收渠道的选择产生重大影响。洪宪培等（2012）对具有直接销售渠道与间接销售渠道的闭环供应链的渠道选择问题进行了研究，并分析了生产商、分销商以及第三方回收三种不同回收渠道下闭环供应链内各成员的最优决策，指出生产商利润会影响其对回收渠道的选择，当三种回收渠道成本相同时，选择生产商回收渠道会使系统的效率达到最高。孙嘉轶等（2013）构建了由单一生产商与两个零售商的闭环供应链决策模型，研究了闭环供应链最优回收渠道选择问题，发现如果新产品、再制造产品的成本差异较大时，生产商会选择由两个分销商进行回收，但如果成本差较小时，选择由一个分销商或由生产商回收会使再制造闭环供应链的效率更高。宋敏等（2013）在零售商之间存在价格竞争的环境下，应用博弈理论探讨了两条闭环供应链的渠道结构选择问题，发现渠道结构的选择需综合考虑供应链间的竞争强度与利益主体等影响因素，不同利益主体在不同竞争强度下对渠道结构的最优选择存在差异。安彤和周海云（2015）对政府干涉下的闭环供应链回收渠道决策问题进行了研究，通过对生产商回收、分销商回收以及混合回收三种模式的分析，发现分销商总是有充足的动机参与回收，但从政府、消费者、生产商以及整个闭环供应链的角度来说，渠道竞争强度比政府干涉更能对回收渠道的选择产生影响。舒秘和聂佳佳（2015）在生产商产能受到约束的背景下，探讨了闭环供应链的回收渠道选择问题，指出当产能受到约束时，生产商将选择自己进行回收；反之，当产能不受约束时，由分销商进行回收时效率最高。李晓静等（2016）基于供应链间的竞争，构建了由两个生产商与两个分销商构成的闭环供应链决策模型，首先探讨了闭环供应链回收渠道的选择以及供应链间的竞争对其成员收益的影响，其次探讨了生产商、分销商以及第三方回收模式的适用选择条件以及均衡特征。Feng 等（2017）通过在模型中引入消费者对在线回收渠道的偏好，分析了传统回收、在线回收以及混合回收三种模式下闭环供应链的回收效率，指出从经销商和系统的角度来看，混合双渠道回收模式的效率最高。Li 等（2019）将再制造产品需求的随机性因素加入闭环供应链研究中，分析了单一离线回收、单一在线同收和混合循环回收三种模式，指出混合循环回收模式在特定条件下有助于降低转移价格，使回收方提高回收价格。Yan等（2020）利用演化博弈模型分析了奖惩机制下闭环供应链实施 EPR 策略的有效性，通过对不同回收模式的对比发现由生产者主导的回收模式效率最高。范定祥等（2021）通过构建闭环供应链回收决策模型，分析了回收主体的均衡利润以及供应链总收益，指出由线上和线下回收商、零售商、制造商组成的多主体回收模式能够使闭环供应链整体利润达到最高。

郭三党等（2022）通过设计以制造商为领导者，零售商、回收商为跟随者的闭环供应链主从博弈模型，研究了政府补贴下不同回收渠道对闭环供应链的决策影响，指出政府补贴会降低产品价格，提升产品销量、回收率以及供应链各主体收益，回收商与销售商之间的竞争强度会对产品价格、回收率以及制造商收益产生影响。王珊珊和秦江涛（2022）通过构建制造商回收、零售商回收及制造商和零售商竞争混合回收三种不同的闭环供应链回收模型，发现当回收价格敏感系数较小时，应选择制造商回收，当回收价格敏感系数较大时，应选择竞争混合回收。

3. 再制造产品定价

产品的定价直接影响其市场销售，制定合理有效的产品价格是企业取得竞争优势、保持市场份额的重要途径，因此定价机制一直是企业界与学术界关注的焦点。再制造产品是以回收的废旧产品为原料，经过拆卸、维修、翻新等处理，最终在质量、功能等方面恢复到与新产品一致的特殊产品，有着比一般产品更为复杂的定价机制。进入 21 世纪以来，循环经济的发展理念越来越受到市场的欢迎与重视，消费者对再制造产品的认识水平与接受程度也越来越高，由此，如何为再制造产品制定出合理的价格，使其能够顺利地销售并使用，成了相关企业管理者与学术界研究者关注的重点之一。

Ferrer 和 Swaminathan（2006）研究了垄断环境下生产商对新产品与再制造产品的定价策略，发现如果再制造可获得较高的利润，生产商就会降低新产品的价格以提高其销售量，以期在回收市场中获得足够数量的废旧产品进行再制造生产。Guide 等（2003）通过对手机市场的调查研究，在假设产品的回收量与需求量分别是其回收、销售价格函数的基础上，研究了废旧产品的回收价格与再制造产品销售价格的形成机制。Ray 等（2005）在考虑产品寿命周期分布的条件下，研究了可再制造耐用产品的定价与废旧产品的回收补偿策略。Mitra（2007）通过构建一个价格模型对再制造产品的最优定价进行分析，认为企业对再制造产品的定价应考虑其质量水平。Liang 等（2009）研究了开放回收市场中回收产品与再制造产品的定价问题，认为再制造产品与回收产品的定价应相互协调。Wei 和 Zhao（2011）在考虑市场需求、回收成本与再制造成本均为模糊不确定的情况下，研究了零售商竞争的闭环供应链的最优定价问题，并对分散式决策与集中式决策模式下系统内最优的批发价、零售价以及再制造率进行了分析。Wu（2013）对包含原始设备生产商与再制造商的闭环供应链进行了分析，探讨了产品互换性与竞争性定价策略的形成机制，发现原始设备生产商可通过优化产品互换性水平获得竞争优势。Jena 和 Sarmah（2014）对由两个生产商构成的闭环供应链进行了研究，通过对系统中回收与销售价格的分析，发现在非合作、渠道合作及全球合作三类闭环供应链系统中，全球合作的系统效率最高。Li 等（2016）研究了闭环供应链中回收废旧产品与再制造产品的定价机制，并分析了交易成本、不确定性需求对闭环供应链系统的影响。Gu 等（2018）研究了由电池制造商和再制造商组成的三周期闭环供应链决策模型，分析了制造商与再制造商之间的最优定价策略，探讨了回收率、分类率、回收收益率之间的关系，对不同时期的闭环供应链总利润做出优化。Jafari（2019）通过构建竞争、合作和竞争合作三类模型，研究了由两个回收商和三个制造商构成的可持续供应链的定价和订购策略问题，Wu 等（2019）通过分析由回收中心和 TPR 组成的双通道反向供应链，研究了基于公平性问题的双通道反向供应链的定价策略，探讨了股权问题的变化对企业定价和利润的影响趋势。

王玉燕等（2008）通过构建第三方负责回收的闭环供应链定价模型，发现生产商在对新产品、再制造产品进行定价时，需考虑分销商与第三方回收商对自己定价决策的反应，才能实现其收益最优化的目标。公彦德等（2008）应用博弈理论对由单一生产商、单一分销商和单一第三方回收商构成的闭环供应链进行分析，探讨了独立决策与联合决策下的定价策略，发现联合决策可使系统的整体收益得到提高，消费者也能从中受益。熊中楷和张洪艳（2009）研究了由一个生产商与一个分销商构成的闭环供应链的定价问题，通过对在信息对称与信息不对称两种情况下系统内各方定价策略的比较，探讨了分销商的谎报行为对闭环供应链各成员收益的影响。

王文宾和达庆利（2009）通过构建闭环供应链决策模型，分析了新产品、再制造产品的批发价、零售价随外生变量的变化规律。包晓英等（2010）基于对由一个生产商与一个分销商构成的闭环供应链系统的分析，研究了当新产品与再制造产品存在差别定价时，分散式决策模式与集中式决策模式下的定价机制。林欣怡等（2012）通过构建以生产商为主导、再制造商为跟随的 Stackelberg 博弈模型，探讨了随机环境下新产品与再制造产品的差别定价策略，并结合数值分析给出了最优定价的结果。周占峰（2012）通过构建非合作博弈下的 Stackelberg 博弈模型，研究了政府补贴背景下的再制造系统定价机制，发现回收成本、再制造成本、政府补贴等均会对回收价格以及系统内各成员的利润产生影响。郭军华等（2013）通过构建具有替代性的两产品报童模型，分析了不确定环境下的新产品、再制造产品的联合定价策略，发现随着消费者对再制造产品支付意愿的增大，新产品价格将有所下降，而再制造产品的价格却随之升高。徐峰等（2014）通过数理建模的方法对电子商务背景下生产商渠道定价与再制造策略进行了探讨，分析了生产商采取双渠道与再制造生产策略时，统一定价与利润最大化两种定价策略对系统内多参数的影响。高攀等（2014）假设市场存在对新产品、再制造产品以及翻新产品的异质需求，探讨了再制造产品、翻新产品在一阶静态与二阶动态决策模式下的差异定价策略。

近年来，我国学者关于再制造产品定价方面的研究取得了新的进展。例如，张维霞等（2015）探讨了政府约束下的双渠道闭环供应链定价策略，通过对无政府约束独立决策、有政府约束独立决策以及有政府约束合作决策三类决策模式的分析，得出的结论包括再制造闭环供应链需要政府的监管与约束，政府约束下生产商与分销商合作决策模式是最优的定价模式，政府应采取积极措施促进生产商与分销商的合作。韩秀平等（2015）对再制造率随机环境下的闭环供应链差别定价问题进行了研究，通过构建 Stackelberg 博弈模型，分析集中式决策与分散式决策下系统内新产品、再制造产品的最优定价。伍颖和熊中楷（2015）对竞争环境下的再制造定价问题进行了研究，并通过构建基于消费者异质需求的两周期模型，给出了生产商对新产品、再制造产品实施无差异与差异化定价两种情况下的最优回收率与产品定价。许民利等（2016）考虑了消费者偏好与专利保护对再制造产品定价问题的影响，通过建立基于不同消费群体支付意愿的需求决策模型，研究了闭环供应链的定价机制，发现一般消费者对再制造产品的接受程度、低碳消费者比例两种因素会同时影响新产品与再制造产品定价，专利保护会促使生产商采取偏高的定价策略。曹晓刚等（2016）基于产品的可拆卸性与消费者选择偏好理论，构建了再制造约束生产—联合定价决策模型，并研究了再制造生产受回收品数量约束与不受约束两种情况下系统的最优定价策略，发现产品的可拆卸程度、再制造成本节约、消费者偏好等因素均会对系统内的均衡价格、产量及各成员收益产生影响。

4. 闭环供应链的协调

因供应链中多个成员间利益偏好存在差异，当各成员都独立以自身利益最大化为目标进行决策时，供应链整体效益往往不能达到最高。因此，就需要通过某种协调机制的设计降低整个供应链系统的效率损失，这就是供应链协调的起因。当前学术界对于供应链协调的定义还未形成统一意见。Sahin 和 Robinson（2002）指出供应链协调即为供应链中各方决策目标均为实现整体收益最优的状态。Cachon（2003）认为当供应链中的最优决策达到纳什均衡状态时，供应链才实现协调。庄品和王宁生（2004）指出供应链协调就是在供应链各成员之间建立起战略性的合作关系，信息共享，共担风险，合理分配利润，以实现供应链系统整体收益最优的目标。综合来看，这些定义都认识到一点，即供应链协调要使各成员的决策目标与供应链整体目标达成一致。

由于供应链协调问题关乎整个供应链系统的收益，国内外大量学者，如 Moinzadeh 和 Ingene（1993）、Padmanabhan 和 Png（1997）、Tsay 和 Lovejoy（1999）、Hugos（2011）、Weiguo 等（2012）、Inderfurth 和 Clemens（2014）、Saha 和 Goyal（2015）等都对此问题展开了探讨。但这些研究分析的对象均为传统的正向供应链，对闭环供应链而言，其协调管理除了要注意正向供应链以外，还需对逆向供应链加以关注。因此，如何在闭环供应链环境下实现正向与逆向供应链的协调，就成为一个值得深入探讨的问题。Chen 和 Bell（2011）通过对由一个生产商与一个分销商组成的闭环供应链的分析，发现通过调整未销售及退货产品的价格可实现闭环供应链的协调。Yingfei 等（2011）应用改进的 Shapley 法对第三方负责回收的闭环供应链成员间收入分配方案进行了研究，发现该方法具有较高的鲁棒性，能够实现供应链系统的协调。郭亚军等（2007）对零售商回收废旧产品的再制造闭环供应链进行了研究，发现闭环供应链中存在双重边际化问题，可通过使用收入费用共享契约实现闭环供应链的协调。邱若臻和黄小原（2007）分析利润具有产品回收的闭环供应链系统，发现 Stackelberg 均衡策略并不能保证闭环供应链的渠道协调，需通过设计两步收费制契约，在保证供应链成员收益的基础上实现闭环供应链渠道协调。葛静燕和黄培清（2008）通过设计回收费用、销售收入共享契约，使闭环供应链内的生产商、分销商收入与消费者效用均得到提高，进而实现了整个闭环供应链系统的协调。张克勇和周国华（2009）分析了闭环供应链中新产品与再制造产品差别定价的协调问题，发现在信息对称条件下，简单的收益共享契约可实现闭环供应链的协调；在信息非对称条件下，如果生产商的生产成本与其他外生参数在特定范围中，收益共享契约同样可实现整个系统的协调。王玉燕（2009）分析了在回购契约条件下闭环供应链应对突发事件的协调问题，发现在此条件下，原来能使闭环供应链协调的回购契约并不能使系统进入新的协调状态，由此需要对其进行调整，使闭环供应链恢复原有的协调。易余胤（2010）对由一个生产商、两个分销商与一个第三方回收商组成的闭环供应链进行了研究，发现分散式决策与集中式决策相比，闭环供应链系统的效率总是会有所降低，分销商可以通过调整零售价格与收取通道费实现系统内的协调，从而使得闭环供应链的总体利润达到集中式决策时的水平。张克勇和周国华（2011）对闭环供应链差别定价的协调问题进行了探讨，指出分散式决策会造成闭环供应链系统效率下降，可通过收益分享契约协调系统内各方的利润分配，使分散式决策下闭环供应链整体与各成员收益得到提高，进而实现系统的协调。易余胤和袁江（2012）研究了销售与回收渠道均存在冲突环境下的闭环供应链协调问题，并设计出一种改进的两部定价契约，以弥补分散式决策下的系统效率损失，实现整个系统的协调。许茂增和唐飞（2013）分析了生产商负责网上直销、分销商进行传统零售、第三方负责回收的闭环供应链双渠道协调问题，发现分散决策会造成系统的效率损失，但双渠道闭环供应链的协调可通过一种利润共享—费用分担契约的方式实现。周海云等（2014）研究了政府干涉下的闭环供应链协调问题，通过构建政府干涉前后的决策模型，得出供应链各成员的最优决策，以及生产商利润与政府干涉力度的临界关系，因而可通过改进的二部定价契约实现了系统的协调。张汉江等（2015）探讨了应用激励契约协调闭环供应链的相关问题，指出最优价格激励契约可实现闭环供应链生产销售环节的协调，最优回收努力激励契约可实现逆向回收环节的协调。韩小花等（2016）研究了成本与需求同时扰动下的闭环供应链协调问题，发现数量折扣契约可实现扰动前后闭环供应链的协调，但如果出现较大幅度的扰动时，生产商将会以较低的数量折扣率出售产品。

（二）产品担保

国外关于产品担保的研究起步较早，已经产生了大量的相关研究成果。其中最早对产品担保进行综述研究的是 Blischke（1990），他对各类产品担保的成本模型进行了研究，并总结和整理了多种模型假设与分析方法。Blischke 和 Murthy（1992）在关于产品担保的三篇综述（Product Warranty Management：Ⅰ-Ⅲ）中对新产品担保做了分类，并对相关问题也进行了论述。此后关于产品担保方面的综述文章逐渐增多，如 Chukova 等（1993）总结了在东欧期刊中发表的关于产品担保的众多文献，Thomas 和 Rao（1999）对各类担保经济模型进行了分析，探讨了部分担保管理问题并对此后的研究方向给出了建议。Murthy 和 Djamaludin（2002）全面总结了 1992~2002 年关于产品担保的各类文献，并对生产商从整体角度管理产品担保的相关问题给予关注。

1. 产品担保的概念

进入 20 世纪以来，越来越多的学者开始关注产品担保领域，并从经济学、管理学、工程学、运筹学等学科角度对产品担保展开研究，对其概念的认识也越来越科学合理。Blischke 和 Murthy（1994）提出了被当前学界普遍接受的定义：产品担保（Product Warranty）是生产商（分销商）为消费者购买的产品或服务提供的保证，可视为生产商（分销商）与顾客对进入销售环节的产品或服务所达成的契约性协议。产品担保既可以是在协议中明确提出的（如产品担保书、售后服务协议等），也可以是隐含的（如企业需要对其产品或服务所必须承担的法律责任）。我国学者于俭（2006）在综合最新相关研究成果的基础上，对产品担保提出了更加详尽的解释：产品担保是制造商或者零售商、分销商等担保方在销售过程中就产品技术性能、使用效果、维修等方面向消费者提供的义务和责任的保证，其内容包括担保产品、担保期限、担保范围以及担保条款等。一个典型的产品担保主要包括担保期限、担保条款、消费者责任等要素（郑永强，2006）。

产品担保是消费者与生产商（分销商）之间的关于商品或服务的契约性协议，其目的是明确在商品或服务出现问题时，担保方与消费者各自需要承担的责任范围。产品担保体现了企业对消费者的责任意识，是消费者在购买商品时所关注的重要方面，也是促进产品销售与向市场传递产品质量信息的重要途径。

2. 产品担保类型

Blischke 和 Murthy（1992）对产品担保的类型进行了详细划分，依据不同的标准可分为以下几种类型：一是根据产品担保的限制项目或维度，可分为一维产品担保和多维产品担保；二是按照产品的担保期限是否可以更新，可分为可更新产品担保与不可更新产品担保；三是根据产品担保费用的分摊方式，还可以分为免费更换担保、按比例分摊担保成本担保、组合产品担保等类型。此外，Blischke 和 Murthy（1996）依据产品担保的对象将产品担保分为简单产品担保、复杂产品担保与大批量产品担保三种类型。Murthy 和 Jack（2003）依据担保服务收费方式将产品担保分为基本产品担保与延长产品担保，基本担保随同产品或服务一同销售给消费者，而延长担保则是由消费者自行决定是否购买基本担保期外的延长担保服务。熊敏（1999）从产品担保的策略取向出发，将产品担保分为进攻性产品担保与防御性产品担保两种类型，并指出企业采取何种担保类型取决于其目标市场与竞争对手的具体情况，在不同时期可采用不同的担保策略。产品担保的类型具体如图 1-1 所示。

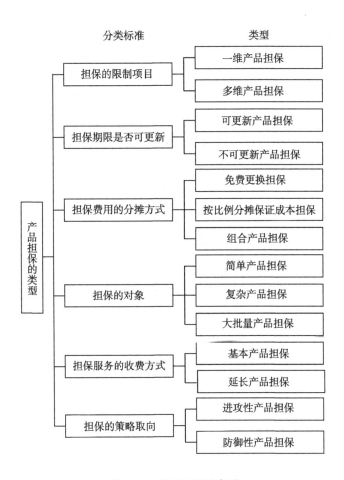

图 1-1　产品担保的类型

3. 产品担保成本

对担保方而言，产品或服务的担保承诺将产生额外的成本。因此，各类产品担保主体在制定担保策略时需要考虑的一个重要因素——担保成本的控制。不同的担保策略将随之产生不同的担保成本，只有科学合理的产品担保条款才是符合企业长远利益诉求的。由于消费者对产品的使用程度存在差异，以及产品故障发生的随机性，使得担保成本很难被精确估算。由此，选择科学的担保成本计算方法就成为各担保主体关注的焦点之一，这需要综合考虑产品种类、担保策略内容及消费者类型等多种因素。

自 20 世纪 60 年代起，众多学者就开始关注产品担保的成本分析问题。Heck（1963）率先对产品担保成本的会计问题进行了分析。Lowerre（1969）将产品担保的备件成本视作产品价格构成的一部分。Blischke 和 Murthy（2000）将产品担保成本分为单位产品担保成本、产品寿命周期内的担保成本、单位时间担保成本三类。Murthy 和 Djamaludin（2002）对各类产品担保成本模型进行总结分析，认为可从产品的失效率、整改活动、担保策略等方面进行担保成分的建模分析。

（1）产品失效模型分析。由于消费者的担保诉求是随机发生的，因此其担保成本也是不确定的，要分析担保成本，就需要对产品的失效率进行分析。一维产品担保的失效模型的构建可从零部件与整体系统两个层面展开。在零部件层面，Blischke 和 Murthy（1994）认为，如果对于失效产品均采取最低限度的维修，并且维修的时间很小可以忽略不计的话，则可用特定密度函数的点过程公式构建产品失效模型。Kijima 和 Sumita（1986）发现，当对失效产品的处理包括维修与更换时，可用 G-Renewal 过程进行失效产品的模型构建。在整体系统层面，Murthy 和 Djamaludin（2002）认为产品的失效率可用非稳态泊松过程表示，并且对产品的状况描述可简化为正常工作或失效两种状态。

对二维产品担保来说，产品失效率一般受其使用时间与使用程度的影响较大。Iskandar（1993）、Murthy 等（1995）应用二维点过程方法构建了产品失效模型。Moskowitz 和 Chun（1994）在构建产品失效模型时，将产品的使用时间与使用程度模拟为线性函数。Singpurwalla 和 Wilson（1998）对动态环境下的产品使用率进行分析，构建了多时间尺度的产品失效模型。

（2）整改活动成本模型分析。生产商对问题产品进行整改活动的成本一般来自原材料、人工、工具耗费等方面，这些成本在模型分析中通常会被计算成整改活动总成本。Murthy 和 Djamaludin（2002）将这一总成本视为一个随机变量并认为其可以用概率分布函数来表示。

（3）担保成本分析。不同担保策略的担保成本构成存在差异，具体可分为以下几种类型：

1）免费更换担保。在一维产品担保策略下，Blischke 和 Murthy（1996）通过比较可维修产品与不可维修产品的担保策略，研究了免费更换担保下的预期成本；Kaminskiy 和 Krivtsov（2000）通过一个 G-Renewal 过程构建了产品失效模型，进而对担保成本进行探讨；Sahin 和 Polatoglu（1996）、Polatoglu 和 Sabin（1998）等也通过对免费更换担保策略的分析，推导出担保成本的概率分布。Kim 和 Rao（2000）应用二维指数分布构建了担保成本模型，对二维产品担保的免费更换成本进行了分析。

2）按比例分摊担保成本担保。在一维产品担保策略下，Blischke 和 Murthy（1994）探讨了按比例分摊担保成本下的预期担保成本。在对二维产品担保策略的研究中，Iskandar（1993）分析了多种按比例分摊担保成本策略的期望成本。

3）组合产品担保。Blischke 和 Murthy（1994）对多种组合产品担保策略的期望成本进行了研究。Iskandar 等（1994）探讨了二维组合产品担保的期望成本。

4）延长产品担保。上述担保成本分析都可以看作对基本担保成本的研究，下面将对延长产品担保成本展开探讨。与基本担保相似，延长产品担保成本也与产品的可靠性和使用密度相关，但由于消费者需要支付额外的费用才能接受延长担保服务，对延长产品担保成本的分析就存在一定的特殊性。由此，众多学者从多角度对延长产品担保成本展开了研究。例如，Padmanabhan 和 Rao（1993）从消费者不同风险容忍度角度出发，对延长产品担保进行了研究，并建立了延长产品担保下的消费者效用函数。Mitra 和 Patankar（1997）探讨了消费者在基本担保结束后，选择是否继续延长产品担保的问题。Lam 和 Lam（2001）分析了市场中不同的延长产品担保策略。Rinsaka 和 Sandoh（2001）对担保期限的延长程度进行了研究。

4. 产品担保与产品可靠性

从上文对产品担保成本的分析中可以发现，担保成本的高低取决于产品的可靠性。提高产品的可靠性就能有效地降低期望担保成本。产品的可靠性受设计与生产过程的影响，通过有效的设计优化与质量控制两类活动，我们就能提高产品的可靠性水平。但这两类活动也会产生额外的成本，只有提高可靠性带来担保成本减少量大于该两类活动的成本时，产品的设计优化与质量控制才有必要。截至目前，已有不少学者对此方面的问题进行了研究。

（1）产品担保与产品设计。当前有两种提高产品可靠性的基本方法，即使用备件与可靠性提高项目。使用备件就是对一些容易出现问题的零件，使用一个或一个以上的相同零件作为备用，以降低单一零件出现故障对产品整体可靠性产生的不利影响，Blischke 和 Murthy（2000）对此问题也进行了探讨。可靠性提高项目涉及产品的研发、生产等过程，可分为连续型与离散型两种。Fries 和 Sen（1996）对离散型可靠性提高模型进行分析并提出了一些关于优化产品可靠性的建议。

（2）产品担保与生产。对于有担保服务的产品来说，高质量的生产制造可大幅提高产品的可靠性，进而降低产品销售后的担保成本。而一件产品的制造因涉及多个零件与工序，其可靠性也受到多方面因素的影响。当产品的零部件质量不高时，使用备件是剔除劣质零件，进而提高产品整体可靠性的有效措施。Hussain 和 Murthy（1998，2000）分析了使用备件法剔除产品中失效零件、模块的问题。

（3）产品担保与产品老化。随着产品使用时间的延长与老化程度的不断加深，其可靠性将逐渐降低。Wu 等（2007）在对产品可靠性分析的基础上提出了两种产品老化策略，并对这两种策略所引发的担保成本进行了研究。

5. 产品担保与市场营销

消费者的产品购买过程是一个复杂的多阶段决策过程，生产商在此过程中需通过多种途径向消费者提供关于产品的各种信息。作为向消费者传递产品质量信息的重要标志——产品担保，已越来越受到生产商、分销商等产品提供方的重视。Boulding 和 Kirmani（1993）通过调查发现消费者在购买商品的过程中会将产品担保视为反映其质量的信号。Agrawal 等（1996）对家用电器市场进行研究，发现担保可作为关于产品可靠性信息的一个来源。Lassar 等（1998）分析了当产品在担保期内失效时消费者的反应。Glickman 和 Berger（1976）应用柯布—道格拉斯函数构建了由产品价格和担保期限组成的产品销售模型。Menezes 和 Currim（1992）提出由产品价格、担保期限、产品质量与广告投入等变量构成的产品销量函数，并以汽车行业的历史数据为例进行了阐述说明。Mesak（1996）认为产品需求率是产品价格与担保期限的函数，并通过连续时间扩散的方法构建了产品销售模型，分析了分销商与担保服务提供商对产品销售、服务渠道的影响。Chun 和 Tang（1995）通过建立顾客购买决策模型，对最优担保价格和消费者的风险厌恶进行了分析。De Croix（1999）应用博弈论方法研究了寡头垄断市场中耐用消费品的最优价格、担保期与可靠性水平，发现企业可以不依赖产品价格与消费者行为来设定产品的可靠性与担保策略。

6. 产品担保与售后服务

对生产商等担保提供方而言，产品售出完成后，就意味着要承担担保服务的责任，由此会产生一系列的担保服务问题，需要通过有效的担保策略选择以降低其服务成本。

（1）担保服务。对出现问题的产品进行担保服务，生产商需要在修理与替换两种担保策略中做出选择，选择标准就是在整个担保期内总担保成本最小。Iskandar 和 Murthy（2003）对二维产品担保的最优服务策略进行了探讨。Jack 和 Van der Duyn Schouten（2000）指出担保服务策略是选择修理还是选择替换，最终取决于产品出现问题时的使用时间。

（2）担保备件。对于在担保期内出现问题后可维修的产品而言，担保方需对维修产品所需的备件数量进行估计；对于不可维修的产品，担保方则要考虑备件的库存分布结构与总量的安排问题。Menke（1969）通过建模对担保备件问题进行了分析，指出产品担保的备件成本可视为产品的制造成本，并认为该成本最终也应体现在产品的价格中。Amato 和 Anderson（1976）将时间因素加入 Menke 的研究模型中，发现如果该模型忽视了对价值折现率与社会总体价格水平等变量的分析，将会导致担保备件占用资金与产品价格的高估。Patankar 和 Mitra（1995）通过构建按比例线性折扣担保模型，研究了担保策略的实施程度对担保备件占用资金的影响。

7. 产品担保管理

产品担保对于企业来说是一把"双刃剑"，担保策略制定得当，则可提高产品的销售量，进而使得企业获得更多的利润；但如果产品质量控制或担保策略存在问题，企业的营业成本就会增加，甚至经营业绩也可能出现亏损。由此需要在企业内各部门之间进行整改协调，以实现对产品担保进行系统全面的管理。Brennan（1994）研究了政府大宗采购物品的担保管理问题，并对提高担保管理水平的途径进行了分析。Menezes 和 Quelch（1990）探讨了产品担保作为增加企业产品销售量与利润的一项进攻性战略的应用问题。Murthy 和 Blischke（2000）从战略管理的角度对产品担保问题进行了研究，认为产品担保战略管理是基于企业全局与产品整个寿命周期所进行的系统决策。Lyons 和 Murthy（2001）在 Murthy 等的研究基础上构建了一个产品担保管理系统，发现准确进行产品担保成本的分析预测取决于该系统中四个紧密联系的模块（设计与技术模块、生产模块、市场销售模块、售后服务模块）数据信息的数量性、准确性与及时性。刘子先等（2004）通过分析我国企业产品担保管理中存在的问题，提出要想提高我国产品担保管理的整体水平，就要从制定全面的产品担保管理战略、提高产品担保政策的科学性以及协调运作管理与产品担保管理等方面入手，从而实现担保管理工作的系统化与规范化。于俭和丁志刚（2004）、于俭等（2005）系统分析了我国企业的产品担保工作，认为产品担保是一项涉及产品设计开发、生产与销售的系统性活动。郑永强（2006）提出了产品担保信息整合的层次模型，通过产品开发过程中的信息整合，优化了产品担保管理系统，进一步降低了担保成本。

（三）当前研究存在问题与发展前景

再制造产品是以回收废旧品为原料经多种先进复杂的技术加工而成的特殊产品，具有一定的不完美特性。消费者在购买再制造产品时，因受损失厌恶与风险规避意识的影响，不可避免地会对其质量性能产生疑虑。如果再制造产品在销售过程中附带有产品担保服务，消费者的这种疑虑便可减弱或消除，进而产生对再制造产品的购买意愿。产品担保的这种作用使其成为产品质量性能的标志，当前已引起国内外学术界的广泛关注，并取得了一定的研究成果。但当前大多数学者对产品担保的研究都是从新产品角度出发的，很少有对再制造产品的担保给予重视，少数几篇将担保因素加入再制造闭环供应链系统研究的文献也存在担保策略简单化、责任划分不明确等问题。由此，再制造闭环供应链内产品担保问题的研究可从以下几个方面进行拓展：

首先，当前研究产品担保的相关文献大多是假定生产商已对产品提供了担保服务，而忽视了生产商还可能存在不提供产品担保的行为选择。尤其是对再制造产品来说，因其具有一定的不完美性，提供产品担保虽然可能会提高消费者的购买意愿，进而增加企业的收益，但也有可能会由此带来一定的担保成本支出，增加企业的经营总成本。由此再制造闭环供应链内各主体在作出是否提供产品担保决策时，需对产品担保的成本、收益进行全面综合的对比分析。

其次，关于闭环供应链内产品担保责任的承担主体，大部分研究都将其设定为生产商，没有分析其他成员如分销商、再制造闭环供应链等作为担保责任承担主体时，闭环供应链内各方的收益以及整个系统的运行效率。

最后，当闭环供应链内的各成员均以自身收益最大化为目标进行分散式决策时，闭环供应链的总收益与集中式决策相比会出现一定的损失，因此设计一定的协调机制使闭环供应链总收益的损失得到弥补是必须的。当再制造产品附带担保服务时，这种协调机制的设计需充分考虑到产品担保对再制造闭环供应链的影响，致使协调策略的设计变得更为复杂，目前学术界对此鲜有涉及，尚需进一步深入探讨。

四、研究思路、研究内容与组织结构

（一）研究思路

再制造产品的特殊性使其在销售过程中往往需附带提供担保服务，以增强消费者的购买意愿。尽管当前学者对产品担保的相关研究已取得了一些成果，但在闭环供应链的具体环境下，对再制造产品担保的研究还比较缺乏，尤其是产品担保对再制造产品的销量、运营成本会有什么影响，在什么情况下提供担保才会使企业获益，闭环供应链内各主体应采取什么样的措施才能保证其自身与整个系统均实现效率优化等问题更是少见。本书补充并完善了这方面的研究，应用博弈论、最优化理论等方法对上述问题进行探讨，拟解决的主要问题可分为如下几个方面：

（1）怎样将产品担保因素引入再制造闭环供应链决策模型中，构建包括产品担保成本、担保期限等变量在内的生产商、分销商、再制造闭环供应链利润函数？

（2）生产商在什么边界条件下会选择对再制造产品提供担保，又在什么边界条件下会对新产品、再制造产品均提供担保？

（3）如何在生产商、分销商以及再制造闭环供应链三者中选择最优担保责任承担主体？

（4）如何设计能被生产商、分销商自觉接受并执行的收益共享契约，以实现引入产品担保因素的再制造闭环供应链系统的协调。

（二）研究内容

本书根据博弈论、运筹学与最优化理论等原理，在国内外相关研究的基础上，立足于我国的国情特色，从产品担保的视角出发，对再制造闭环供应链内各主体成本收益关系进行定量分析，构建适应循环经济发展的再制造闭环供应链决策模型，对产品担保的决策边界、最优担保主体的选择、产品定价以及整个系统的协调策略进行研究，具体内容可分为以下几个方面：

1. 探讨产品担保的决策边界条件

假定产品担保的责任主体为生产商，将产品担保期限对再制造产品销售量与担保成本的影响加入生产商收益函数中，通过比较生产商对再制造产品是否提供担保的收益，分析对再制造产品提供担保的决策边界条件；进一步扩展担保服务对象，探讨生产商对新产品、再制造产品均提供担保服务的决策边界条件。

2. 研究产品担保责任主体的选择依据

再制造产品担保的责任主体可能为生产商、分销商或者再制造闭环供应链，本书假定三方对再制造产品的担保期限相同，通过构建各自的收益目标函数，应用最优化理论求解各模型中再制造产品的最优定价、销量及系统收益，并对其进行比较，选择能使系统收益达到最高的作为产品担保的责任主体；在三方提供不同期限担保的条件下，进一步对产品担保的责任主体选择进行优化。

3. 分析引入产品担保因素的再制造闭环供应链协调策略

在生产商对再制造产品提供担保的条件下，构建由生产商为领导者、分销商为跟随者的 Stackelberg 博弈模型，求解分散式决策模式下再制造闭环供应链系统的最优收益，将其与集中式决策下的系统收益进行比较，分析分散式决策与集中式决策下系统收益差异的原因，探讨能使分散式决模式下系统内各主体自觉接受并执行的收益共享契约，实现再制造闭环供应链的协调；进一步将产品担保的范围进行扩展，探讨生产商对新产品、再制造产品均提供担保条件下的再制造闭环供应链的协调策略。

（三）组织结构

本书的研究框架安排如图 1-2 所示。

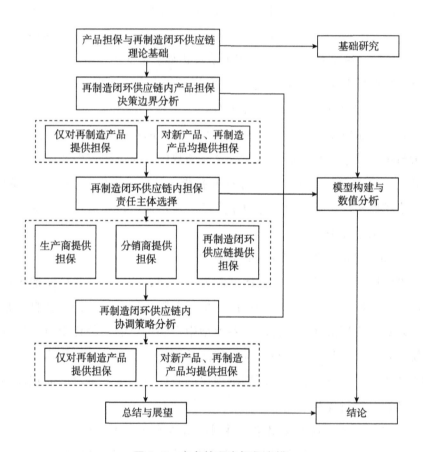

图 1-2 本书的研究框架安排

本书内容共分为六章，具体结构安排如下：

第一章，绪论。简要介绍本书的研究背景、研究意义，系统梳理、总结与本书研究相关的再制造闭环供应链与产品担保的国内外研究现状，明确本书研究的关键问题与主要内容，阐述本书的组织结构与创新点。

第二章，产品担保与再制造闭环供应链运作机制的理论基础。介绍了关于再制造闭环供应链、消费者行为、产品担保以及再制造产品担保的基本原理，为后续章节的研究提供理论依据。

第三章，再制造闭环供应链中产品担保决策边界条件分析。通过比较生产商是否对再制造产品提供担保前后的利润差异，探讨对再制造产品提供担保的决策边界条件；进一步扩大担保的覆盖范围，分析生产商同时对新产品、再制造产品提供担保的决策边界条件。

第四章，再制造产品担保责任主体优化选择。通过对比分析由生产商、分销商以及再制造闭环供应链分别提供产品担保时系统的整体收益水平与运行效率，为不同环境下最优担保责任主体的选择提供理论支持。

第五章，基于产品担保的再制造闭环供应链协调策略分析。在对再制造产品提供担保和对再制造产品、新产品均提供担保的条件下，分析再制造闭环供应链的差别定价、担保策略等，设计收益共享契约，使分散式决策下的系统运作效率达到集中式决策模式下的水平，实现产品担保条件下再制造闭环供应链的协调。

第六章，总结与展望。对研究成果进行概括，总结本书的研究结论，并对今后的研究方向予以展望。

五、研究方法与创新

（一）研究方法

本书在总结国内外最新研究成果的基础上，运用供应链管理、经济学、博弈论等理论与方法，系统地研究再制造闭环供应链系统的产品担保问题，具体研究方法如下：

1. 文献综述法

对国内外学者关于再制造、闭环供应链以及产品担保的相关研究进行系统的收集整理，归纳分析具有代表性的创新观点与局限性。

2. 比较研究法

首先，从再制造闭环供应链中产品担保的提供方出发，通过比较对产品提供担保与不提供担保两种情况下系统的收益与效率，分析提供产品担保的决策边界条件；其次，通过对比由不同主体提供担保时整个再制造闭环供应链系统收益水平，探讨最优担保责任主体的选择依据；最后，比较在不同决策条件（分散式决策与集中式决策）下的产品价格、销量以及再制造闭环供应链整体与其中各主体的收益，探讨加入产品担保因素的再制造闭环供应链协调策略。

3. 定量研究法

从产品担保的视角出发，构建适应循环经济发展的再制造闭环供应链决策模型，对再制造闭环供应链内生产商、分销商以及再制造闭环供应链系统的决策过程进行了较为深入的定量研究。首先，应用最优化理论探讨产品担保的决策边界；其次，通过最优化理论与博弈论的方法，研究提供产品担保主体的选择优化；最后，通过合作博弈、非合作博弈理论，分析引入产品担保因素的再制造闭环供应链协调策略。此外，运用相关数学分析软件，对所得结论进行计算机模拟与验证。

（二）创新点

当前国内外学者关于再制造闭环供应链的研究多集中于闭环供应链网络设计、回收渠道的选择、再制造产品的定价机制以及闭环供应链的协调等方面，很少考虑到再制造产品的不完美特性对消费者购买意愿的不良影响；而对产品担保的研究文献也多集中于一般产品的担保类型、成本及管理注意事项等方面，对再制造产品的担保问题则关注较少。本书从产品担保的角度出发，通过博弈模型的构建，对再制造闭环供应链中的产品担保问题进行了研究，创新之处如下：

1. 构建了包括产品担保因素的再制造闭环供应链决策模型

通过分析产品担保对再制造闭环供应链内各主体收益的影响，将产品担保期限、担保成本等因素引入生产商、分销商、再制造闭环供应链的收益函数中，构建出新的再制造闭环供应链决策模型。

2. 优化了再制造闭环供应链中产品担保的期限

在界定产品保证的决策边界条件、明确提供保证主体的选择依据以及探讨再制造闭环供应链协调策略的过程中，通过分析再制造闭环供应链内各主体的收益，探讨产品生产成本、市场需求、回收价格等因素对其担保期限的影响，对新产品、再制造产品的担保期限进行了优化。

3. 扩大了再制造闭环供应链中产品担保责任主体的选择范围

除生产商外，分销商、再制造闭环供应链也可以为再制造闭环供应链内产品提供担保服务。

4. 细化了产品担保服务的对象与策略

在研究产品担保决策边界与再制造闭环供应链协调策略时，区分仅有再制造产品被提供担保和再制造产品、新产品均被提供担保的两种情况。在探讨提供担保主体的选择时，区分各主体对再制造产品担保期限相同的和不相同的两种情况，使研究结果更加符合市场经济的实际情况。

第二章

产品担保与再制造闭环供应链
运作机制的理论基础

考虑再制造产品的研究涉及再制造生产与产品担保理论等多项内容，本章的研究做如下安排：第一部分阐述闭环供应链的内涵、分类、结构特征以及再制造的概念、特征、流程；第二部分介绍产品担保的产生发展、策略分类、内容及作用；第三部分分析再制造产品及产品担保对消费者购买意愿的影响。本章内容具体结构如图 2-1 所示。

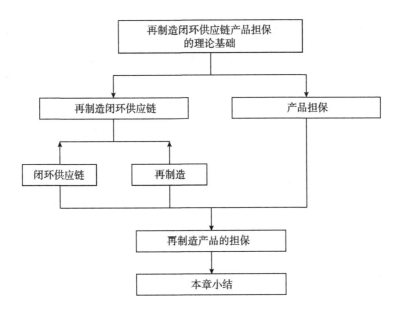

图 2-1　第二章结构安排

一、再制造闭环供应链

闭环供应链是传统的正向供应链与逆向供应链的组合体，是对传统供应链管理思想的重大革新。再制造闭环供应链是制造与再制造共存下的一类特殊的闭环供应链系统，其存在的重要意义在于可通过再制造的方式有效发掘回收的废旧产品中蕴含的价值，在保护环境、降低资源消耗的前提下，实现企业的可持续发展。

（一）正向供应链

正向供应链即传统供应链，是围绕核心企业，通过对信息流、物流、资金流的控制，从采购原材料开始，制成中间产品以及最终产品，再由销售网络把产品送到消费者手中的将供应商、制造商、分销商、零售商，直到最终用户连成一个整体的功能网链结构。我国国家标准《物流术语》将供应链定义为生产与流通过程中所涉及将产品或服务提供给最终用户的，上游与下游企业所形成的网链结构。

正向供应链中物流运作遵循传统的正向流动，比较关注原材料的获取、产品的制造、销售以及售后服务，较少考虑运作过程产生的社会与环境效益。随着近年来环境污染与资源短缺等问题的日趋突出，正向供应链这种只关注经济效益的运作方式显然已不适合经济社会的发展需要，需要以逆向供应链理论为补充，实现经济、社会与环境的协调发展。

（二）逆向供应链

逆向供应链是近年才产生的一个新概念，其物流运作正好与传统的正向供应链相反（Kopicky et al.，1993；Rogers and Tibben-Lembke，1999）。

Stock（1992）最早提出了逆向供应链的概念，认为逆向供应链是一类包括产品退货、物料替代、废弃物处理、维修与再制造等过程的物流活动。Guide 和 Van Wassenhove（2001）认为逆向供应链是从顾客手中回收使用过的产品，并对其进行妥善处理使之恢复部分或全部功能，可以再次投入使用的复杂过程。美国后勤管理协会对逆向供应链概念的解释为：对消费者手中因信誉或维修等问题造成的产品、物料的回流运动实施专业化的物流管理活动。美国物流管理协会将逆向供应链定义为计划、实施和控制原料、半成品库存、制成品和相关信息，高效和低成本的从消费点到起点的过程，从而达到回收价值和适当处置的目的。我国国家标准《物流术语》将逆向物流定义为两大类型：一是回收物流，即不合格物品的返修、退货以及周转使用的包装容器从需方返回到供方所形成的物品实体流动；二是废弃物物流，即将经济活动中失去原有使用价值的物品，根据实际需要进行收集、分类、加工、包装、搬运、储存并分送到专门处理场所时所形成的物品实体流动。王玉燕（2008）认为可以将逆向供应链的定义分为广义与狭义两种，其中，狭义定义逆向供应链是指对那些已经废弃的产品再制造、再生以及物料回收的过程，广义定义除上述内容外，还包括商品退回的逆向物流。

逆向供应链也是一条价值增值链，通过对废旧产品的回收、再利用、再制造等处理，可以再次进行销售，完成和正向供应链的有效对接。一个完整的供应链系统除了传统的正向供应链运作外，还需要逆向供应链提供废弃物品的无害化回收处理，即需要正向供应链与逆向供应链的协同运作，由此闭环供应链的管理理念应运而生。

（三）闭环供应链

闭环供应链具有保护环境、节约资源、维护人与自然和谐共存等功能，现已越来越受到世界各国政府与企业的关注。为明确闭环供应链的概念，下文将从闭环供应链的内涵、结构特征及运作模式等方面展开系统阐述。

1. 闭环供应链的内涵

随着对供应链问题研究的深入，学者发现如果将传统的正向供应链与逆向供应链结合在一起，就可以形成一种全新的供应链体系——闭环供应链。但闭环供应链并非简单将正向供应链与逆向供应链相加，而是涉及从发展战略到具体运作各层级的系统融合。Krikke 等（1999）认为对废弃产品进行处理、减少废弃物的排放才是闭环供应链产生的目的。Inderfurth 和 Teunter（2001）指出闭环供应链与传统供应链相比一个显著的差异是对废旧产品进行回收、恢复与再制造。Guide 和 Van Wassenhove（2009）认为闭环供应链是在产品消费后，通过回收实现其价值再生，以实现企业受益最大化的复杂系统。从物流角度来看，在本质上闭环供应链通过产品的正向交付与逆向回收再利用，使"资源—生产—消费—废弃"的开环过程转变为"资源—消费—再生资源"的闭环反馈循环过程，闭环供应链结构如图 2-2 所示。

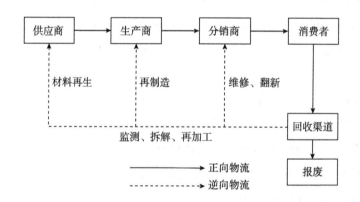

图 2-2　闭环供应链结构

由图 2-2 可以发现，闭环供应链的运作涉及多个主体，包括供应商、生产商、分销商、消费者、第三方回收商等，这些参与方均对 EOL（End-of-Life）产品的回收再利用起着重要的作用，只有当闭环供应链内各主体相互协作时，整个供应链系统才能持续健康地运行。

2. 闭环供应链的分类

根据供应链系统回收物品的种类与处理方式的差异，闭环供应链可分为再循环、再利用、退货及再制造四种类型（邱若臻和黄小原，2007）。

（1）再循环闭环供应链。再循环是从废弃产品中提取有用物质并加以重新利用的过程。再循环闭环供应链适用于价值较低废弃物的回收，如废纸、废玻璃以及塑料等。处理这类废弃物一般需要较为昂贵的专用技术设备，因此，一般要对其进行集中批量处理，从而实现规模经济效应。这种闭环供应链对废弃产品的回收过程是从消费者直接到生产商，结构相对简单。

（2）再利用闭环供应链。适用于再利用的回收品或是经过简单清洗或再包装就可使用，或是对经拆解后的零部件进行简单处理就能恢复其使用功能，如各类包装容器等。再利用闭环供应链的功能包括废弃品回收、运输与储存等。

（3）退货闭环供应链。部分消费者会因购买的产品质量存在问题或不符合其原有需要而进行退货，由此就形成了退货闭环供应链。随着电子商务的飞速发展，在线销售产品被要求退货的情况时有发生，由此就需要对退货闭环供应链进行系统的分析，并设计出合理有效的供应链结构，从而将退货损失控制在合理范围之内。

（4）再制造闭环供应链。再制造是一种对废旧产品进行拆卸、清洗、维修、重新装配及调试等处理，使其价值与性能得到恢复的过程。再制造适用于价值较高的废弃产品（如发动机、机电设备以及复印机等）的再处理，经过再制造其质量、性能与新产品相比一般不存在差异。再制造闭环供应链是制造与再制造共存情况下的供应链系统，其存在的意义在于除能保证企业的收益外，还可通过价值恢复高效利用资源，降低废弃产品对环境的破坏。再制造闭环供应链大多是由传统正向供应链扩展形成，是最为复杂的一种闭环供应链系统。

3. 闭环供应链的结构特征

分析闭环供应链的结构，发现其主要具有五个方面的特征：一是系统复杂性。与传统供应链相比，闭环供应链无论是从广度或是深度方面均更为复杂。从广度方面来说，闭环供应链不仅包括正向供应链的所有部分，还包括逆向的废弃物回收系统；从深度方面来说，闭环供应链涉及整个供应链系统从发展战略到具体运作各层次的运行管理，其决策与控制过程极为复杂。二是目标多样性。闭环供应链管理除要考虑经济收益最大化的目标外，还要与自然环境和谐共存，只有将经济效益与环境效益有机结合起来，才能实现闭环供应链的健康持续发展。三是高度的不确定性。首先，废旧品在回收时间、数量及质量上的不确定，这对需求管理与库存控制都将产生不利影响。其次，对回收的废旧品处理过程也存在一定的不确定性，如因损害程度存在差异，同类回收产品的拆解、维修、再制造等过程就可能完全不同，这对生产计划的控制与协调提出了严峻的挑战。四是供需不平衡性。产品从生产到报废被回收需要经过一个时间段，因此废旧产品的回收量与生产商对其的需求量之间存在一定差异，这是导致闭环供应链系统运行复杂的原因之一。五是增值性。对废旧产品的回收可以节约生产成本，使得资源的再生成为可能，从而促使整个闭环供应链系统收益的提高。

4. 闭环供应链的回收模式

闭环供应链有多种回收模式，其中较为典型的有制造商回收、零售商回收与第三方回收商回收三种模式（姚卫新，2007），在实际运营管理中，可根据闭环供应链的具体环境进行合理选择。

（1）制造商回收。即由制造商独立负责其产品的回收处理。制造商可在产品的设计阶段就加入对废旧产品回收的关注，并熟知产品的制造工艺与技术特点，使废旧产品的回收处理更加专业化、集中化。但对一些中小型制造商来说，此种模式初期投入较大、回收欠缺灵活性、效率较低。

（2）零售商回收。即由制造商委托零售商代其回收废旧产品。零售商一般更靠近消费者，并且销售产品的种类数量较多，可有效提高回收的灵活性，回收效率也较制造商回收更高。但此种模式需经过闭环供应链内多主体协作，信息传递容易失真并会产生"牛鞭效应"。

（3）第三方回收。即制造商委托第三方回收商进行废旧产品的回收处理。第三方回收商可以同时接受多家制造商的回收委托，其回收的灵活性也较高，效率较制造商回收更高。但第三方回收商往往并不完全掌握产品的制造工艺，对一些复杂产品的回收拆卸，可能会耗费较长的时间。

5. 闭环供应链与其他供应链的差异

（1）闭环供应链与传统供应链的差异。相对于传统的正向供应链，闭环供应链加入了逆向物流，使得产品的流动完成了从制造商到消费者，再由消费者返回制造商这样的完整闭环运作。由于闭环供应链涉及多主体、多流程的运作管理，其管理的不确定性、复杂性更高。消费者在闭环供应链中的角色也更加丰富，从新产品的购买方扩展到废旧品提供方与再制造产品的购买方。各级政府也通过制定符合闭环供应链发展要求的法律、法规，在废旧产品的回收中提供了有力的政策支持。

（2）闭环供应链与绿色供应链的差异。近年来，资源短缺与环境污染问题的日益严重使得绿色供应链逐渐成为社会关注的热点。所谓绿色供应链，即从社会可持续发展的视角出发，将环保观念引入企业的战略计划与运营管理中，对产品的原材料采购、制造、销售、消费以及废弃物回收再利用的整个过程进行生态化改进，通过供应链中各主体之间的紧密协作，实现供应链整体在管理与环境等方面的协调，进而达到系统的优化（Jeremy，2000）。绿色供应链与闭环供应链的差异体现在以下几个方面：

在系统构成方面，绿色供应链不仅包括闭环供应链成员，还将环境、文化等因素的影响纳入其中，由制造、消费、社会与环境等子系统构成。在运营方面，绿色供应链的运作不仅需要分析物流、商流、资金流及信息流，还需加入对知识流的关注，系统的知识储备与先进的技术支持是绿色供应链实现环境友好目标的有力保证。在战略方面，绿色供应链的战略重点是提升系统内各主体行为活动的环境友好程度；而闭环供应链的战略重点在于通过提高链内各主体活动的确定性，降低生产运作成本，提高资源的循环利率，实现经济、社会、环境效益的协调。

虽然闭环供应链与绿色供应链都是由传统正向供应链发展而来，都关注于降低环境污染，但二者的研究重点是存在差异的，二者既相互联结又相互促进。

（四）再制造

再制造是一种符合可持续发展要求，可将不能再利用的废旧产品恢复到质量性能不亚于新产品的工业过程。众多知名的跨国公司（如苹果、施乐、宝马等），都通过再制造成功实现了节约资源、降低成本与获取额外利润的经营目标。作为一种节约资源、保护环境的新的生产方式，再制造自 20 世纪 80 年代出现至今，已越来越受到各国政府、企业及环保组织的重视。

1. 再制造概念

国外有关再制造方面的研究起步较早，现已取得较为丰硕的研究成果。20 世纪 80 年代初，美国学者 Lund（1983）提出所谓再制造，就是将回收的耐用产品分解拆卸、清洗检验、维修加工、装配调试，使其恢复经济与使用价值的过程。废旧产品的零部件经过再制造技术处理，使用性能与预期寿命将达到或超过新产品水平，可为相关企业创造可观的经济收益。Guide（2000）认为再制造就是通过现代科学技术，将旧产品恢复到新的状态，使其具有与新产品一致的性能与质量的整个过程。德国学者 Steinhilper（1998）将再制造定义为将废旧产品回收并制造成"如新产品一样性能"的再循环过程。

国内学者对再制造领域的相关研究虽然起步较晚，但经过近年来的发展完善，也取得了一定成果。徐滨士（2010）将再制造定义为"再制造是以机电产品的全寿命周期设计和管理为指导，以废旧机电产品实现性能跨越式提升为目标，以优质、高效、节能、节材、环保为准则，以先进技术和产业化生产为手段，对废旧机电产品进行修复和改造的一系列技术措施或工程活动的总称"。再制造的本质是对废旧产品进行回收拆解、技术修复与加工改造的产业化。通过表面工程等先进技术的应用，再制造可恢复废旧产品的使用功能，甚至达到比新产品更高的质量性能水平。再制造产品的生产成本仅为新产品的一半左右，并可节约60%以上的能源与70%以上的原材料消耗，对我国资源节约与环境保护具有非常显著的支持作用（姚巨坤和时小军，2007）。国家标准计划项目《再制造术语》（20091292-T-469）将再制造定义为"对废旧产品进行专业化修复或升级改造，使其质量特性达到或优于原有新产品水平的制造过程（质量特性包括产品功能、技术指标、经济性、安全性、绿色性等）"（徐滨士等，2009）。陈海威（2007）认为再制造"是以产品全寿命周期理论为指导，以报废设备及其零部件的循环使用和反复利用为目的，以报废产品为毛坯，采用先进再制造成形技术（包括高新表面工程技术、数控化改造技术、快速成形技术及其他加工技术），使报废设备及其零部件恢复尺寸、形状和性能，形成再制造产品的一系列技术措施或工程活动的总称"。甘茂治和周红（2001）认为再制造的定义可分为广义与狭义两类，狭义再制造即指回收废旧产品并对其进行拆解加工，使其成为可用产品的处理过程。进行再制造研究的意义就在于改善产品报废后的处理方式，使能再生利用的比例尽可能升高，进而充分回收利用废旧产品中蕴含的附加价值。广义再制造即产品投放市场使用后，为保持、恢复其使用功能，而采取的一系列技术方法或工程活动，具体包括对原产品的维护修理、改装、回收再利用等方面。陈翔宇和梁工谦（2006）认为再制造并不等于简单的修复，而是在寿命预测、失效分析等基础上对已经损毁报废的产品、零部件进行再制造工程设计，将有用的零部件进行清洗翻新，通过一系列先进制造技术使再制造产品的性能质量达到或超过新产品。

综合上述学者对再制造所涉及基本要素、技术标准以及实施过程所提供的研究参考，本书拟采用的再制造定义为：再制造是对废旧产品进行回收拆解、技术修复与加工改造的复杂生产活动，是在产品全寿命预测、失效分析等基础上，针对废旧残次产品、零部件进行再设计，并通过表面工程、激光增材等先进制造技术，使再制造产品的质量性能达到或超过新产品的系统化的运作活动。

2. 再制造的发展及演化过程

再制造是发展循环经济的重要形式，仅以美国为例，其每年再制造产业产值就达数千亿美元，很多世界知名制造企业都设立了再制造生产线，已经基本具备了与其国内再制造需求相匹配的生产能力。

从 20 世纪 70 年代开始，美国一些学者就开始关注再制造领域的发展情况。80 年代后，随着 Lund（1984）《再制造：美国的经验及对发展中国家的启示》研究报告的完成，再制造产业进入快速发展阶段。相关技术评论界也由此开始关注并提倡废旧产品的翻新与再生，拉开了再制造理论研究的序幕，如美国汽车工程师协会就在此时创办了《汽车再制造》期刊，对汽车与其零部件的再制造展开探讨。进入 90 年代，Lund（1996）撰写的《再制造工业：潜在的巨人》研究报告从再制造理念、再制造策略、再制造环境分析、产品失效分析、寿命评估、回收与拆卸方法、再制造设计与方法、质量控制管理、成本分析、综合评价、再制造软件工具开发、再制造对美国的贡献等方面，系统总结了再制造理论及其在美国的应用发展，引起了国际学术界的轰动。此后，美国建立了多家产业性与全国性的再制造研究机构，不少高校也开始设立再制造领域的相关课程，有关再制造的理论、应用与技术研究不断推进，至今仍在不断发展与完善中（杜子学和严傲，2008）。

国外再制造生产主要集中于欧洲、北美、日本等经济较为发达的区域和国家，这些国家的政府、企业以及科研机构较为重视再制造产业的发展，其技术先进、产业规模巨大，发展至今，再制造已成为其经济发展的重要支持。美国再制造产业已经深入到汽车、家电、手机、电脑、工程机械、办公用品、军工装备等领域，呈现出政府主动推进、应用范围广泛、产业规模巨大等显著特点（李建国和张秀棉，2006）。欧洲也从 21 世纪初就制定并推行了一系列法律法规，积极推进再制造产业的健康快速发展，如 2000 年 2 月欧盟委员会就提出汽车产业的回收规定：自 2002 年起，废旧汽车的再生回收率要达到 85%，至 2015 年要进一步推进至 95%。部分知名汽车制造企业也都启动了再制造业务，如宝马、奔驰等车企均设立了汽车回收拆卸实验中心，大众公司每年回收再制造数百万台汽车发动机，仅钢材一项就能节约数十万吨。日本再制造生产主要集中于电子、机械以及汽车等产业。由于自身资源较为紧缺，日本政府十分重视对再制造产业的扶持，相关企业也投入了大量人力、物力、财力进行再制造技术的研发。例如，施乐公司通过在日本全国设立多处回收站，实现了近一半废旧复印机零部件的循环利用，并在其近 1/4 的产品上使用再制造的零部件。丰田、本田等汽车制造企业通过对废旧汽车的回收再制造，延长了部分零部件的使用寿命，实现了资源的循环利用（储伟俊和刘斌，2001）。

我国政府也非常重视再制造产业，陆续出台了一系列政策法规支持相关企业的发展。当前已有越来越多的制造企业进入再制造领域，技术实力不断提高，产业发展也初见成效，其具体发展历程可分为以下三个阶段：

（1）再制造产业萌生阶段。从 20 世纪 90 年代起，我国就有部分企业开始进行再制造运营，如中国重汽济南富强动力公司、上海大众动力再制造分厂、柏科电机有限公司等分别在卡车、轿车引擎以及车用电机等领域进行再制造。但 2001 年国务院颁布的《报废汽车回收管理办法》要求废旧汽车引擎、变速箱、车架等零部件应交售钢铁企业回收冶炼，制约了我国再制造产业的发展壮大。

（2）学术研究、科学论证阶段。1999 年，国内徐斌士院士在"先进制造技术国际会议"上首次提出"再制造"的概念，随后又在 2000 年欧洲维修国际会议上发表了题为《面向 21 世纪的再制造工程》的论文，首次在国际学术界发出中国学者的声音。2001 年，解放军总装备部批准设立装备再制造技术国防科技重点实验室，这是我国首个再制造方向的国家级实验室。2003 年，科技部在国家中长期科学和技术发展规划中将"机械装备的自修复与再制造"列为未来科技发展的 19 项关键技术之一。同年，国家工程院报告《废旧机电产品资源化》指出，对废旧机电产品进行资源化处理的基本途径就是再制造、再利用与再循环。2004 年，再制造工程被国家政府确定为循环经济发展的重要支撑战略。2006 年，中国工程院报告《建设节约型社会战略研究》提出要将机电产品的回收再制造列入建设节约型社会重点工程名单。

（3）国家政府出台多项政策法规，全面推进再制造发展阶段。2008年，国家发展改革委发布《汽车零部件再制造试点管理办法》，认定了包括第一汽车集团、东风鸿泰控股集团、上海大众联合发展、济南复强动力、奇瑞汽车等车企以及潍柴动力、玉柴机器等发动机制造企业在内的14家行业重点企业开展汽车零部件再制造试点工作。《中华人民共和国循环经济促进法》自2009年1月起正式生效，该法案为推动我国再制造产业的快速发展提供了法律保障。2010年3月，工信部在《2010年工业节能与综合利用工作要点》中明确指出要抓好废旧机电产品的再制造试点工作。同年6月，国家发展改革委与科技部、工信部、财政部等部门联合发布《关于推进再制造产业发展的意见》，明确指出加快发展再制造产业是建设资源节约型、环境友好型社会的客观要求，是培育新的经济增长点的重要方面，同时还是促进制造业与现代服务业发展的有效途径。2013年7月，国家发展改革委、财政部、工信部等多部门联合发布《关于印发再制造产品"以旧换再"试点实施方案的通知》，将再制造试点企业生产的部分量大面广、质量性能可靠、节能节材效果明显的再制造产品纳入财政补贴推广范围，进一步推进了我国再制造产业的快速发展。2017年11月，工信部发布《高端智能再制造行动计划（2018—2020年）》指出，当前我国经济已由高速增长阶段转向高质量发展阶段，亟待进一步聚焦具有重要战略作用和巨大经济带动潜力的关键装备，开展以高技术含量、高可靠性要求、高附加值为核心特性的高端智能再制造，推动深度自动化无损拆解、柔性智能成形加工、智能无损检测评估等高端智能再制造共性技术和专用装备研发应用与产业化推广。截至目前，工信部已颁布了8批再制造产品目录，有力地推进了我国再制造产业健康有序发展。

3. 再制造生产的特征

再制造是一种全新、节约、环保的生产模式，具有以下几个方面的特征（孟赤兵，2008）：

（1）再制造是将先进制造与绿色制造集合为一体的新生产模式。再制造生产不仅能减少对报废产品直接掩埋而产生的固体废弃物污染，还能降低因采用回炉、冶炼等回收方式而对环境造成的二次污染。

（2）再制造系统存在较高的不确定性。因再制造系统存在信息不对称以及供需不平衡等问题，故其不确定性在供应、运输仓储、回收、再制造与销售等环节中均会有所体现。若要提高再制造系统中相关企业的效益，必须通过信息共享、设计合理有效的合作与激励机制来降低这些不确定性所产生的不良影响。

（3）再制造统筹管理产品的全寿命周期。再制造生产关注于废旧产品的处理，可有效提高产品的使用性能与寿命，进而实现产品全寿命周期费用最小化的目标。

（4）再制造的实质是对废旧产品进行价值恢复。再制造并不是简单地回收各种废弃物，而是利用各种再制造技术从回收品中获取价值，最终形成再制造产品并产生新的价值。再制造可视为对产品的二次投资，使废旧产品升值的重要举措。

（5）再制造会对产品设计研发产生影响。再制造是由拆解、修复、再装配等工序构成的生产过程，要想提高再制造效率，生产厂商在产品研发的过程中就需要考虑到产品再制造的问题，对产品的生产材料、结构、安装等方面做出优化调整。

（6）再制造是交叉学科与观念综合的复杂系统。因再制造产品的质量控制涉及产品失效分析、检测诊断、寿命评估、可靠性预测等多方面技术，再制造成型与表面技术也需要多学科的理论支撑，因此，再制造是与其他学科互动发展的。再制造理论的发展将推动与之相联系的多学科进步，相关学科的发展也将促进再制造的完善与发展。

4. 再制造生产运作流程

再制造是对废旧产品循环利用的重要方式，其采用快速成型、功能覆层、现代检测与质量控制等先进制造技术，应用零件损伤失效、使用价值评估等最新的理论研究成果，在保证产品质量和性能的前提下，充分发掘废旧产品所蕴含的附加价值，是资源再生的高级形式。虽然不同产品的再制造生产运作流程有所差异，但一般都包含有废旧产品回收、拆卸清洗、检测评估、再制造加工、再装配、再销售等环节，如图 2-3 所示。

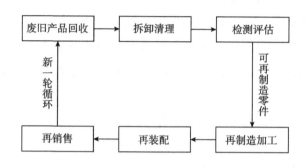

图 2-3 再制造生产流程

（1）废旧产品回收。回收是指收集、搬运废旧产品到某指定地点等待进一步处理的过程，通常包括收购（获得）、运输及仓储等步骤。废旧产品回收关系到再制造生产的原材料供应，当今世界很多发达国家均对此进行了立法约束。

（2）拆卸清洗。通常回收得到的废旧产品需要经过完全拆卸分解成零部件，而后借助于现代清洗专用设备，对零部件表面的污渍油垢等进行清除，为下一步零部件的评估做好准备。

（3）检测评估。拆卸后的零部件需要经过评估以确定损坏范围及程度，而后剔除不可再制造的部分，保留可以再制造的零部件并对其制定详细的再制造方案。

（4）再制造加工。再制造加工为再制造生产运作流程中最为重要的一个环节，即使用先进的工艺、技术将可再制造零部件恢复、升级到规定质量标准，使其满足使用要求的过程。

（5）再装配。经过再制造加工后的零部件还需要重新组装并通过最终测试，才能成为完整、合格的再制造产品。

（6）再销售。再制造产品生产完成后，还需经过再销售才能最终到达消费者手中，实现其使用价值。因再制造产品的特殊性，除直接销售以外，再制造产品生产商（分销商）也经常会为消费者提供租赁服务。

5. 再制造生产的不确定性

不确定性即在引入时空因素的影响后，无法对事物的特征及状态进行准确的观察、测定和预见（马士华和林勇，2006）。由于信息不对称以及供求不确定等因素的影响，再制造在回收品来源的时间、数量以及质量方面均存在较大的不确定性，因此与传统制造系统相比，再制造系统的决策就变得尤为复杂。

再制造生产运作的不确定性可分为衔接的不确定性与运作的不确定性（范文姬，2010），其中衔接的不确定性产生的原因为系统内各主体企业间以及企业各部门间的信息共享度偏低，运作的不确定性产生的原因可归结为系统内控制机制的实效。

Guide 等（2003）通过分析再制造系统的运作流程，提出产生再制造生产计划与调度不确定的主要因素是再制造零部件与再制造率的差异化。通过对这些因素的分析归纳，进一步得出影响再制造系统不确定的因素可分为回收时间的不确定性、回收品质量的不确定性、回收数量的不确定性、回收产品的复杂性、回收后测试的复杂性、评价的复杂性、再制造的复杂性等方面。

二、消费者行为

所谓消费，即人们为满足生活与生产需要，而使用产品、服务的过程，其中产品包括精神产品与物质产品，服务包括劳动力和劳务（伊志宏，2004）。消费者是市场经济的主要参与方，具体可分为广义与狭义两类，其中广义消费者即对各种产品或服务进行购买、使用的个体与组织，如各类企业、政府机构以及工艺团体等，狭义消费者则仅指相关个体，不含组织的概念。

消费者行为研究始于 20 世纪 60 年代，截至目前已有多位学者从不同角度对消费者行为进行了定义。Schiffman 和 Kanuk（1987）将消费者行为定义为个体为获取自己所需物品或服务时，所采取的全部行为。Engel 和 Blackwell（1986）提出消费者行为是人们为获得所需产品并对该产品进行使用与处置，所采取的各种活动及决策过程。我国学者冉陆荣和李宝库（2016）认为消费者行为是顾客为了获取、使用或者处置自身需要的商品与服务，实施的各种行动，其中既包括具体的行动过程，也包括行动前的决策过程。

消费者行为研究是企业营销决策的基础，对其了解市场趋势，把握需求动向具有非常重要的指导意义。分析目标消费群体行为，探讨其需求动机、信息收集以及购买决策过程，就可为企业制定有效的营销策略。

（一）消费者购买决策过程

随着科技的进步与经济的发展，市场中消费者的消费意识在不断提升，企业要想在这样的环境下获得市场竞争优势以及消费者的认可，就需要认真分析消费者的购买决策过程。虽然产品类型与消费者类型的差异会造成消费者购买决策过程的不同，但典型的消费者购买决策过程一般都会包括需求唤起、信息搜索、选择比较、购买决策及购后评价这五个阶段（任会福，2016）。

1. 需求唤起阶段

消费者的产品购买活动受其自身对产品的需求动机影响，这种需求包括生理方面的需求和心理方面的需求。此外，消费者在进行产品选择时，还会对其产生价格、品牌、外观等方面的需要。从价格方面来看，在性能质量相似的情况下，消费者的购买决策一般都以价格对比来进行，较低的价格更能吸引消费者的关注。在品牌方面，在经济条件允许的前提条件下，消费者出于对产品质量以及身份彰显等方面的考虑，一般都会选择价格较高但声誉更好的名牌产品。

2. 信息搜索阶段

在当前的市场环境下，消费者可以通过多种途径搜索产品的相关信息，包括个人、组织以及社会等方面。其中个人信息搜索主要是通过亲戚、朋友、同学或同事的介绍获取产品的各种信息；组织方面则是根据消费者所处的工作、学习单位或社会组织，获得相关产品的质量、性能等方面的信息介绍；公共方面的信息来源主要是根据大众传媒、互联网平台及消费者团体等方面的宣传，或以购买者的使用经验来分享了解产品的各方面表现。

3. 选择比较阶段

通过对信息进行收集、整理与分析，消费者会在其心中产生一定的选择倾向，进而为其后续的消费决策奠定基础。虽然不同的消费者选择产品的依据会有所差异，但一般来说，都是从产品的属性、品牌等方面进行比较和衡量的。消费者对产品属性的权衡需依据其个人的需要与喜好，对自身越是重要的属性，赋予的权重也就越高。品牌方面的选择主要依据顾客对产品品牌知名度、信誉度等方面的考量。此外，产品的价格、质量、售后服务等方面也会对消费者的购买决策产生影响。

4. 购买决策阶段

在掌握产品的各项信息后，消费者就会产生对某个喜欢品牌产品的购买意向。但这种购买意向并不等于最终的购买决定，在消费者的购买决策过程中，还可能受到他人态度、其他偶然因素等多方面的影响。消费者需将这些影响因素纳入其消费效用的分析中，通过综合评判，进而做出最终的购买决策。

5. 购后评价阶段

购买过程除上述几个阶段以外，还应包括消费者购买产品后的性能体验以及价值衡量等程序。一般消费者在购买商品后都会对其实际质量、性能、价值等与自身的期望进行比较评价，进而形成对此产品的态度和消费偏好。如果商品的实际使用能效超出消费者预期，则消费者会产生较高的满意度，非常乐意再次购买，并将主动对其他顾客推销此商品；如果商品的实际能效符合消费者预期，那么消费者会产生满意心理，有较大的可能再次购买该商品；如果实际能效表现没有达到消费预期，则消费者将产生失望心理，基本不会再次购买此商品，并有可能劝阻他人进行购买（吕品，2015）。

消费者的购买心理支配着其消费行为，探讨消费者的购买决策过程，对相关企业制定合适的营销策略、提升收益水平具有非常显著的支持作用。经典经济学理论分析一般都采用"经济人"假设，该假设起源于享受主义哲学和英国经济学业家亚当·斯密关于劳动交换的经济理论，假定人的思考和行为都是有目标理性的，作为个体的消费者，无论处于市场中的什么地位，其本质都是追求个人利益，而不是社会利益，都以满足个人收益最大化为基本动机。由于经济人具有目标理性的特质，其在经济活动中能够通过观察、分析找出实现目标的多种方案，并能预测每种方案的实施成效，最终根据自身的收益水平做出最优决策。

但市场经济的运行是复杂多变的，消费者不可能掌握有关商品的所有信息，更不可能对未来收益进行百分之百准确的预测。近年来，相关学者通过对金融市场的观察分析，发现很多现象根本无法用现有的经济学理论来进行解释。例如，按经典经济学的观点，当某只股票价格下跌时，其风险会被释放，并意味着这只股票更安全也更具投资价值，投资人应该尽快加仓持有，但实际情况却往往是投资人并不会看好这只股票，反而会加快卖出。又如，当某地房地产价格上涨时，购房者往往会选择无视市场风险，大量跟进买入，但在房价下跌时，却又选择忽视房屋的自身价值，跟风降价甩卖。现实生活中的种种现象显示，市场经济中个体行为并不完全是理性的。

行为金融学理论对"经济人"的理性假设做出修正，认为经济运行中的个体并不具备完全理性，其市场交易并不只受收益水平的制约，个人心理特征、思维习惯等因素也会对其行为产生影响。相关学者通过研究发现，由于经济个体存在损失厌恶的心理特征，很多市场交易都不符合既定的经济逻辑。所谓损失厌恶，即人们面对同样数量的收益和损失时，认为损失更加令人难以忍受。损失厌恶的存在反映出经济个体的风险偏好是存在差异的，当经济行为涉及的是收益时，人们会更多地表现出风险寻求的倾向；当经济行为涉及的是损失时，人们会更多地表现出风险厌恶的倾向。损失厌恶效应不仅存在于金融市场，在日常经济活动中也会对交易各方的行为决策产生影响。该理论可有效解释市场经济运行中多项非理性决策，企业管理人员可利用此理论，制定符合消费者实际需要的营销策略。

由于再制造是以回收的废旧产品为原材料进行的处理加工，消费者在进行再制造产品的购买决策时，不可避免地会受损失厌恶的影响，对再制造产品的质量性能产生疑虑，这将严重阻碍再制造产品的市场销售。由此，就需要在再制造产品的销售中采取一定的措施，提高其在消费者心中的形象，降低损失厌恶产生的概率，扩大市场对再制造产品的需求总量。

（二）消费者效用理论

消费者效用理论是在现代效用理论与消费行为学结合的基础上产生的，主要通过运用多属性决策、统计分析等方法研究不同消费者对产品的评价差异，为企业的运营管理提供决策支持。早在 17 世纪，Daniel Bernoulli 就提出了期望效用的相关理念，但直到 20 世纪 40 年代，Von Nonman 和 Morgenstem 等才建立起较为完整的现代效用理论体系。而后，效用理论开始受到广大学者的关注并有了较为快速的发展，如 Savage 在 1954 年提出了主观期望效用最大化理论，Karmarkar 于 1978 年对主观权重理论进行了阐述，Quiggin 在 1982 年提出了等级依赖期望效用理论等。如今，现代效用理论的相关研究成果已相当丰富，是企业管理、市场营销等学科的重要理论基础。

所谓效用，即产品能够满足人们需求的能力，这种能力主要来自产品的某些属性。消费者效用指消费者从某一产品或服务的购买中获得满足的程度，是衡量产品、服务质量的重要指标，也是保持、提高消费者满意度与忠诚度的重要抓手。消费者效用理论的相关假设包括：首先，消费者具备完全理性，其目标是追求个体效用最大化；其次，消费者具备自主选择权，可以自行决定是否购买产品或服务，进而影响厂商的生产供应决策；最后，消费者所购买的产品或服务是其效用的唯一来源。

根据消费者效用理论，不同的产品对消费者的效用是存在差异的，即使是同一产品，相对于不同偏好的消费群体来说，其效用也不一致。一般来说，可以采用效用函数来对消费者效用进行分析。Lancaster（1975）基于产品的价格、质量以及消费者质量偏好构建了产品纵向差异模型，认为当消费者质量偏好为 θ 时，其以价格 p 购买质量为 q 的产品或能获得的效用可以用函数 $U(\theta, q) = \theta q - p$ 来表示。

因再制造产品以回收的废旧产品为原料进行生产加工，对普通消费者来说，其质量性能具备一定的不确定性。在对这类不确定性产品的研究中，我们通常考虑用消费者支付意愿来替代产品价格来度量其效用。消费者可以根据自身对新产品、再制造产品的支付意愿差异，确定其购买新产品、再制造产品的所获实际效用，进而做出购买何种产品的决策。

（三）企业营销战略

所谓营销，即参与市场交易的个人或企业将其产品、服务推销给消费者的过程，是将资源投入转为效益的一种行为手段。现代营销学之父菲利普·科特勒认为营销即"满足别人并获得利润"，这是对营销概念最简洁、贴切的表述。

市场营销战略是企业或其他经济组织的销售部门根据其发展战略，在对外部市场机遇以及内部资源情况综合考量的基础上，合理确定目标客户，有效选择合适的市场营销策略，并加以实施推进、监督控制的系统过程，具体包括产品的市场定位、定价策略、销售渠道选择以及营销措施等，具体可分为以下几个方面：

1. 品牌管理

品牌是消费者对于某商品产生的主观印象，该印象可使其在选择该商品时产生购买偏好。品牌管理即制定以品牌核心价值为中心的品牌识别系统，然后以品牌识别系统统帅和整合企业的一切价值活动，同时优选高效的品牌化战略与品牌架构，不断地推进品牌资产的增值并且最大限度地合理利用品牌资产。在进入市场前，相关企业需要仔细研究目标客户的消费行为，明确其对各品牌的接受度、忠诚度和使用率等指标，根据自身的竞争优势制定本企业的品牌战略。

2. 产品定位

产品定位是指企业的产品及其品牌，基于顾客的生理和心理需求，寻找其独特的个性和良好的形象，从而凝固于消费者心目中，占据一个有价值的位置。品牌定位是针对产品品牌的，其核心是要打造品牌价值。在明确了企业的品牌战略后，企业就需进一步了解消费者对其产品的认知程度以及购买意向，并据此制定有效的营销对策。

3. 市场细分

市场细分是选择目标市场的基础，具体指营销者通过市场调研，依据消费者的需要和欲望、购买行为和购买习惯等方面的差异，把某一产品的市场整体划分为若干消费者群的市场分类过程。每一个消费者群就是一个细分市场，每一个细分市场都是由具有类似需求倾向的消费者构成的群体。

4. 产品定价

产品定价即指企业按照价值规律和供求规律的要求，根据国家的价格政策和规定的作价原则、办法及市场供求变化情况，制定和调整由企业生产经营的产品或服务价格。产品定价是否合理在很大程度上能够影响一家企业的市场营销活动，只有企业合理制定了产品定价策略，才可能使自身在激烈市场竞争中求得生存和发展。

5. 选择营销渠道

菲利普·科特勒认为，营销渠道是指某种货物或劳务从生产者向消费者移动时，取得这种货物或劳务所有权或帮助转移其所有权的所有企业或个人。简单来说，营销渠道就是商品和服务从生产者向消费者转移过程的具体通道或路径。营销渠道选择即企业根据其战略目标，选择适合市场需求和经营目标的渠道模式。

6. 制定促销策略

制定促销策略即企业通过人员推销、广告、公共关系和营销推广等各种促销手段，向消费者传递产品信息，引起他们的注意和兴趣，激发他们的购买欲望和购买行为，以达到扩大销售目的的活动。企业将合适的产品在适当地点、以适当的价格出售的信息传递到目标市场，一般是通过以下两种方式：一是人员推销，即推销员和顾客面对面地进行推销；二是非人员推销，即通过大众传播媒介在同一时间向大量消费者传递信息，主要包括广告、公共关系和营销推广等多种方式。

因再制造产品具有一定的特殊性，消费者在进行再制造产品的购买时，其购买意愿会受到年龄、收入、教育程度以及消费习惯等多方面因素的影响。由此，如何通过市场细分，提升目标客户对再制造产品的认知程度，接受并愿意购买再制造产品，就成为相关再制造企业市场营销战略的重点。一般来说，企业可以通过在目标客户群体中广泛宣传再制造产品知识，并有针对性地对产品购买后的保修、退换货等担保政策给予明确说明，使消费者充分了解再制造产品的质量、性能与节能表现，对再制造产品的消费使用充满信心。

三、产品担保

经济的发展与技术的进步使得各类产品的（服务）复杂性逐渐增加，由此消费者对其认识的难度随之加大。而作为产品质量性能标志的产品担保，则可以有效地帮助消费者做出正确的判断。由此，各类企业都开始越来越重视作为产品售后服务重要组成的产品担保，并将其作为扩大市场份额、保持行业竞争优势的重要措施，学者对产品担保也给予了大量关注，相关研究取得了比较丰硕的成果。

（一）产品担保的产生发展

产品担保有着悠久的历史，在人类文明悠久的历史长河中，产品担保从早期文明（如古巴比伦、亚述、古印度等）时代开始就出现在各种商贸活动中，农产品、手工产品、牲畜等物品的生产者或所有者均应承担相应的担保责任，如古巴比伦法律中就明确规定了如果奴隶主卖出的奴隶有缺陷，购买人就可以将其退回并获得相应的退款。随着时代的发展与认识的进步，关于产品担保概念的研究一直在不断完善，16 世纪时期，产品担保被认为是"用来保护消费者免受假冒伪劣及有缺陷产品的欺骗"的必要手段（Lele and Karmarkar，1983），此后产品担保被看作"诚实负责的标志，以及对产品、服务负责的意愿表达"。

19 世纪晚期，产品担保已经比较普遍地出现在市场交易中。但由于当时市场中欺诈行为盛行，生产商没有足够的动力去兑现他们在担保中所作出的承诺，产品担保被消费者视为劣质产品的标志。这些消费者认为，某件产品被提供担保服务的原因是生产商对自己的产品质量没有足够的信心。为扭转消费者的这种偏见，美国于 1914 年成立了联邦贸易委员会（Federal Trade Commission），专门制定了产品的销售管理规则，并于 1952 年在绝大部分州推行了统一商务法（Uniform Commercial Code），对产品销售中的担保服务作出规定。美国于 1975 年颁布了《马格努森—莫斯修法案》（Magnuson-Moss Warranty Act），从法律角度标志着产品担保进入了新的研究阶段，这项法案要求生产商需对有缺陷的产品承担修复及更换责任，并明确了消费者接受担保服务的流程，这在一定程度上提升了担保服务的质量。

《马格努森—莫斯修法案》的另一个作用是使产品担保成为评价其可靠性的重要指标，由此产生了关于产品担保的信号理论。随着科学技术的发展，当代商品复杂性不断增加，使消费者对其质量的判断难度逐渐升高，此时产品担保就被生产商用来向消费者传递产品性能、可靠性等相关信息。因产品担保会产生相应的成本支出，这些成本取决于产品的失效率，而失效率又与产品质量和使用时间相关，所以除非产品的质量过硬，否则生产商不会为其提供较长期限的担保。对同类产品来说，如果某厂商所提供的担保服务优于其竞争对手，消费者一般就会相信其产品质量会更好。由此，产品担保已成为传递产品质量性能的重要信号标志，是提高产品销量的有效途径之一。

近年来，产品担保又被视为一种集保险、维修功能于一体的契约合同。此种观点引发了关于产品担保的投资理论的产生与发展。投资理论认为产品担保是顾客为降低产品失效而进行的一种投资，其目的是明确生产商与消费者之间的责任范围，进而延长产品的使用寿命。

随着全球性市场竞争的加剧，消费者维权意识的逐渐增强以及产品责任相关法律的日趋完备，产品担保已越来越受到各类生产经营企业的重视。作为向市场传递产品质量信息的重要指标，产品担保不仅可以明确厂商与顾客间的责任，而且有利于各方权益的维护，是促进产品销售、提高产品质量的有效工具。

（二）产品担保策略分类

随着消费者购买行为的日趋成熟与维权意识的不断增长，其对产品的关注焦点也从价格、质量逐渐转移到可靠性、使用舒适性、售后服务等方面，其中就包括产品担保策略。产品担保策略是生产商为消费者提供担保服务而制定的一系列具体策略集合，在同类产品差异化日趋缩小的今天，担保策略是企业实施差异化经营的重要手段。

由于不同产品的结构、功能及适用环境差异巨大，因此在对产品提供担保服务时，就应针对其具体的特性制定与之相匹配的担保策略。产品担保策略是生产商在相关法律法规的要求下，为向消费者提供担保服务而制定的一系列策略，一般包含有产品担保的担保期限、对消费者的赔付办法等内容。Blischke 和 Murthy（1996）对担保策略进行了详细的整理分类，归纳总结出三十余种担保策略，具体如图2-4所示。在此基础上，根据不同的策略组合，产品担保策略还可以衍生出更多的形式。

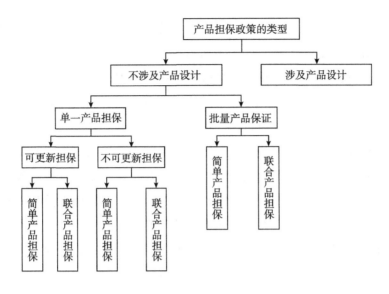

图2-4　产品担保策略类型

依据担保的限制项目或维度，产品担保可分为一维产品担保与多维产品担保。其中一维产品担保一般以确保产品在一定时期内无故障正常运行为目标，当前家用电器、个人数码产品等耐用消费品主要应用的是这种担保策略。多维产品担保中最为常见的是二维担保，即同时以产品使用时间与使用程度作为担保服务提供的参考标准。当产品的使用时间与程度均在担保服务规定范围内时，作为担保方的企业将提供担保。而当产品使用时间、程度中的一方或二者都超出担保规定的上限时，企业将不对其进行担保。这种策略常用于对汽车、轮船等交通工具的担保服务中，如在轿车担保合同中就会出现对售出产品提供三年或五万公里内免费保养维修服务等。与二维产品担保类似，三维产品担保对产品使用的三个维度进行限制，若产品使用在这三个维度上均没有超过规定上限，企业就会对产品提供担保，否则企业将终止担保服务。例如，民用飞机生产商就对飞机的飞行时间、飞行距离、起降次数等设定上限，一旦其中任何一项超出规定范围，担保服务就将被终止。

根据担保服务期限是否可以重置，产品担保又可分为可更新担保与不可更新担保。在可更新产品担保服务中，若产品在担保期内失效，则生产商或其他担保方需按担保合同规定向消费者提供产品的维修或更换，恢复产品的正常使用功能，而维修或更换后产品的担保期限需要重新从零开始计算。这种担保策略担保期一般较长，对担保方而言，意味着较高的担保成本支出，一般适用于本身价值不高的产品，如移动硬盘、网线、路由器等电子类产品。不可更新担保又称限定期限担保，即当产品在担保期出现故障并得到担保方的维修或更换处理后，担保期限并没有被重新设定，而是仍然从产品最初使用的时间开始计算。假设某产品担保期限为一年，使用到半年时出现了问题，在得到担保方的维修后恢复了使用功能，但其在维修后的担保期限只为半年，总的担保期一年是被限定的。因不可更新担保限定了担保期限，担保成本得到了较为有效的控制，一般适用于较为贵重的产品，如电脑、空调、冰箱等产品。

在上述分析的基础上，产品担保策略按照不同的标准还可以得到进一步的细化，具体分析如下：

1. 一维产品担保

（1）不可更新的免费更换担保。在此种担保策略下，生产商、分销商等担保方在限定担保期内对出现问题的产品提供维修或更换服务，产品总的担保期限被提前设定，并不随维修或更换而延长。

（2）不可更新的折扣担保。与第一种担保类似，这种担保策略也限定了产品的担保期限，当产品在担保期内出现故障时，担保方并不提供维修或更换服务，而是向消费者提供购买替代产品的价格折扣，以此鼓励消费者的购买行为。

（3）可更新的免费担保。对于在担保期内出现问题的产品，生产商等担保方免费对其进行维修或更换，并且得到维修或更换的产品担保期将得到重新计算，与新产品的担保期一致。采用这种策略将对担保方造成较高的成本压力，因此其一般多用于对如闹钟、工具等价值不高的产品担保中。

（4）可更新的按比例更换担保。当产品在担保期内出现问题，担保方将根据产品使用期与担保期的比例关系，按比例向消费者收取担保费用，以此用作对产品维修、更换的成本开支，由于这种担保策略属于可更新担保，因此在产品得到维修或更换后，其担保期将被重新计算。

（5）不可更新的组合担保。此种担保策略是免费更换担保与按比例更换担保的组合，即在产品售出以后某段时间内（在担保期内），出现问题的产品将得到免费维修或更换，超出这个时间范围但又在担保期内失效的产品，担保方也将对其进行维修或更换，但要向客户收取一定比例的费用。

（6）不可更新的按比例补偿担保。产品在担保期内出现问题后，担保方以产品使用时间与担保期限的比例作为评价标准，按比例向消费者支付一定的经济补偿，以此代替对失效产品的维修与更换。这种策略常用于像瓷器、轮胎等不易维修又价值不高的产品担保中。

（7）不可更新的三阶段担保。此种担保策略将担保期分为三个阶段：若产品在最初的阶段失效，担保方免费对其进行维修、更换；若产品在第二阶段出现故障，担保方以收取一定费用的方式维修或更换产品；在担保期第三阶段出现问题的产品也将得到维修或更换服务，但消费者将支付比第二阶段更多的费用给厂商；对于在担保期限外出现问题的产品，需由消费者承担所有的维修、更换费用。这种担保策略一般用于价值较高的耐用产品中，如电视机、数码相机、冰箱等。

2. 二维产品担保

（1）二维不可更新免费担保。若产品在担保合同规定的使用期限与使用程度范围内出现问题，担保方将免费为其提供维修或更换服务，但这种担保并不是可更新担保，在产品使用期限或使用程度任一方面达到规定上限即宣告结束。基本上所有的民用汽车生产商，都对其产品采用这种担保方式，其中使用程度一般以行驶里程为标准进行计算。

（2）二维不可更新混合型担保。与一维担保中的不可更新按比例担保类似，此种担保策略将产品担保期限、使用程度均分为两个阶段。若产品在同属这二者的第一阶段使用中出现故障，担保方将对其进行免费维修或更换；若产品在这二者都超过第二阶段上限的使用中出现问题，则需由消费者承担所有的维修、更换费用；若产品在其余范围内的使用中失效，生产商等担保方将对产品进行担保服务，但要向消费者收取一定的费用。

3. 累计型产品担保

累计型产品担保一般适用于政府收购或商业贸易等大批量采购，其服务对象为一批产品的集合，可保证一定数量产品的整体使用时间或使用程度，如对 100 只灯泡保证其累计使用时间不低于 3 万小时，若低于设定的累计限度，担保方需免费更换新的产品。这种政策对于被担保方而言，可以用一次性的大批购买代替多次的单个购买，并保证其所购买产品集合整体的质量与使用；对担保方来说，随着生产技术水平的提高，后期质量较好的产品可降低早期质量较差产品的失效率，有效降低担保成本。

4. 可靠性改进产品担保

可靠性改进产品担保适用于打算长期使用、可维修的复杂产品，其目的在于通过担保条款的签订激励生产商对产品可靠性进行改进，通常以平均无故障运行时间作为衡量产品可靠性的标准。生产商等担保方除要对担保期内出现问题的产品提供免费维修、更换服务外，还需保证产品的平均无故障运行时间等于担保期，否则就要免费对消费者购买的产品进行必要的改进升级或更换，以保证其可靠性达到规定标准。

5. 延长产品担保

延长产品担保可以视为产品售后服务的附加条款，即对产品在基础担保到期后提供另外限定期限的担保服务，消费者可凭自己的意愿自由选择是否接受，在个人消费产品（如笔记本电脑、洗衣机、空调等）的零售过程中比较常见。延长产品担保的提供者可以为生产商、分销商或第三方，通过向顾客收取一定的延长担保费用，担保方可以为产品提供基础担保范围以外的维修、更换服务。

（1）限定零部件范围的延长产品担保。在此种担保策略下，担保方只对在延长担保期内失效产品的特定零部件免费维修或更换，对于限定范围外零部件的故障，则需由消费者承担相应维修、更换的费用。

（2）限定担保费用的延长产品担保。在此种担保策略下，生产商等担保方在对延长担保期内出现故障的产品进行维修或更换时，通常会对担保费用规定一个上限，若进行维修或更换的费用低于此上限，则由担保方承担所有费用开支，但若担保费用超过这个限度，则超出的部分需由消费者承担，同时延长担保也将随之宣告结束。

（三）产品担保的内容

产品担保是售后服务的重要组成，生产商、分销商等担保提供方在制定担保策略时，一方面需要严格遵守国家相关法律法规，切实保障顾客的合法权益不受损害；另一方面也需要考虑企业自身的原料来源、技术水平以及员工能力素质等方面的限制，合理制定出符合产品特质与企业经营目标的担保策略。一般来讲，产品担保的内容包括以下几个方面：

1. 产品的技术资料

生产商等担保方应向消费者提供包括产品的功能、结构、使用方法、维护条件、注意事项在内的产品说明书，以便消费者能够快速掌握相关产品的使用与维护方法。

2. 技术培训

消费者在购买产品后往往要经历一个安装调试阶段后才能正常使用，因此企业在产品销售以后还要向顾客提供一定的安装技术培训，其主要目的是使消费者能尽快完成产品的安装调试工作，防止因安装不当而造成产品零件损坏或功能缺失。同时，企业还应对用户进行基本的使用与维护培训，使其能以正确的方式使用、维护产品并解决产品在使用中可能会出现的一些非专业性常见问题。

3. 零部件的供应

产品在使用过程中经常会出现零部件损坏需要更换的情况，生产商应利用其销售网络合理设置零部件的供应，以满足消费者在对产品维护、修理时对零部件的购买需要。

4. 保养维修

对于像汽车、工程机械这样的耐用消费品来说，在使用一段时间后就需要进行一定的养护处理，此外，若产品出现故障，也需要进行维修以恢复其使用功能，这就要求生产企业建立符合市场需要的售后服务网络，以售后服务中心或授权服务网点的形式解决用户在产品使用过程中出现的各类问题。

5. 退换服务

产品在出售前一般都会经过严格的检验程序，绝大部分都不存在质量问题，但也有个别产品因在库存、运输等过程中受到损坏而出现功能失效，这就有可能对顾客的正常使用产生影响甚至造成损失。对于此类产品，企业应根据其问题的严重程度，及时给予消费者以维修、更换或退货等补偿服务。对于因产品质量问题而给消费者造成的损失，企业也应根据损失的严重程度给予合理的赔偿。

6. 担保反馈

企业在将产品卖出后，还应通过电话、信件、电子邮件、问卷调查等方式对客户进行跟踪调研，这样一方面可以及时了解消费者对产品的质量评价与使用感受，进而找出生产中存在的各种问题并予以纠正；另一方面通过分析顾客对产品或服务的改进建议，可以进一步定位市场的潜在需求，为产品升级改造以及新产品开发指明方向。

（四）产品担保的作用

当今大部分商品交易都涉及产品担保，因此与担保相关的各方收益都将受到产品担保的影响。作为被担保方，个体消费者、企业或政府组织获得的担保服务将由生产商（分销商）等担保方通过不同的方式予以提供。对于不同的主体而言，产品担保的作用也有所差异，具体可分为以下两个方面：

一方面，从个人消费者、企业等被担保方的角度出发，产品担保的作用可归纳为以下两点：一是对被担保方提供保护，即当产品性能出现问题时，担保方对被担保方给予一定补偿，如对出现问题的产品提供免费维修或更换等服务；二是可以向消费者传递产品质量、性能的相关信息，对于大部分消费者言，往往由于缺乏足够的专业知识、经验、技能而难以对复杂的产品作出评价，而产品担保可为其提供一定的信息参考，较长的担保期限一般意味着较高的产品质量与可靠性。

另一方面，对担保方而言，产品担保的作用可体现为以下两点：一是产品担保可以视为对担保方的保护，产品担保可使生产商等担保方免予承担由于消费者错误使用或恶意破坏而造成的产品损坏、失效、报废等责任，使其能够更合理地制定符合市场需求的产品担保策略；二是作为向消费者传递产品质量信号的重要标志，产品担保也是生产商等担保方在激烈市场竞争中有效扩大市场份额、获得竞争优势的重要工具。

此外，产品担保的作用还可以概括为提高消费者的满意度、忠诚度，提高企业的市场份额、利润率、公众形象以及产品的质量、可靠性等。在当今激烈的市场竞争环境下，作为产品附加服务的一部分，产品担保已成为消费者购买时需要考虑的重要因素，在产品交易中发挥着越来越重要的作用（Yeh et al.，2007）。

四、再制造产品的担保

（一）再制造产品

再制造过程是一个将"旧"产品恢复到"新"状态的生产过程，这一"新"的状态就要求再制造产品要在质量、性能等方面达到或超过新产品的水平，并且其成本要比生产新产品节约50%，能耗节约60%、原材料节约70%，只有达到上述标准，再制造产品才真正算是合格的，也才能有效地降低对自然环境的不良影响（徐滨士等，2012）。

1. 再制造产品的特征

美国学者Lund（1996）通过对再制造产品的分析，指出再制造的产品一般应具有以下几方面的特征：

（1）产品具有耐用性，即在正常产品使用周期内，产品的耐磨损及抗环境分解能力较强，可以满足用户的正常使用需要。

（2）产品丧失部分功能，仅出现零部件表面损伤且丧失部分功能的产品才具有再制造的价值和潜力。

（3）产品剩余价值较高，较高的剩余价值能使再制造企业获得较高的经济收益，确保再制造生产的持续进行。

（4）产品为标准化批量生产，可拆卸更换，能够方便地投入使用。

（5）产品技术成熟稳定，担保再制造产品在一定时间内不易被新技术生产的相似产品所淘汰。

（6）消费者对再制造产品持认可态度，这样才能让再制造产品最终能被销售并使用。

2. 再制造产品的分类

具有上述特征的产品在人们日常生活中随处可见，如汽车、机电设备、家用电器、复印机、手机等，这些都属于较为完整的再制造产品。此外，经过再制造生产出来的还可以是某类零部件模块，如汽车发动机、机电设备动力单元、电脑主板等。一般再制造生产可产生三类不同的产品：第一类是备用零部件，这些再制造产品来源于对废旧产品的拆卸、再处理等过程，将会被应用到新产品、再制造产品的生产及售后维护中；第二类是新产品采用了再制造零部件，即将少量再制造零部件加入新产品的装配中；第三类是包含少量新零件、应用大量再制造零件的产品，其与第二类产品的区别主要在于生产中应用的原材料来源存在差异。

在实际销售过程中，再制造产品需在包装中标注出其再制造属性，从而使消费者在进行购买决策的过程中能够获得较为完全的产品信息。很多发达国家对此都有明确要求，我国于 2009 年施行的《循环经济促进法》中第四十条也明确规定："销售的再制造产品和翻新产品的质量必须符合国家规定的标准，并在显著位置标识为再制造产品或者翻新产品。"

（二）再制造产品担保与消费者购买意愿

意愿是指个人从事某种行为的主观概率。根据此概念，购买意愿即消费者购买某件产品的主观概率或可能性，也可视为消费者购买特定产品的主观倾向（Sinha and DeSarbo，1998）。国内外学者的研究也表明，购买意愿与购买行为之间存在相关关系，购买意愿是购买行为的基础，可作为预测消费行为的重要指标（Mullet and Karson，1985；Armstrong et al.，2000；冯建英等，2006）。

尽管合格的再制造产品在质量、性能等方面已与新产品无异甚至还有所提高，但在传统消费意识影响下，消费者对再制造产品做出购买决策时还是会存有顾虑，这对再制造产品的销售将产生不利影响。究其原因有以下两方面：其一，当前再制造的监管体系还有待完善，市场中再制造产品质量参差不齐，部分消费者又不了解再制造的生产过程，经常会将其购买到的再制造产品误认为是"翻新产品"，质量及性能与新产品相比存有差距。其二，消费心理的趋同性促使市场中的消费者对新产品存有相对偏好，这会降低对再制造产品的购买意愿。

为减少或消除顾客对再制造产品的顾虑，提高市场销量，再制造产品生产商可通过产品担保这一外部线索来提高消费者的购买意愿。产品担保对再制造产品购买意愿的影响可从感知质量与感知分享两方面进行分析，具体过程如图 2-5 所示。

一方面，产品担保影响消费者对再制造产品的感知质量，并且二者间存在直接正向关系，高水平产品担保意味着高水平的感知质量，将会提高顾客的直觉价值进而增强其对再制造产品的购买意愿。究其原因，可以分别从消费者与生产商二者的角度进行分析：从消费者角度来看，在信息不对称的情况下，产品担保可视为评价产品质量与可靠性的重要标志，因只有对自己产品有信心，有足够的人力、物力、财力以及售后服务网络的企业才会承诺出高水平的产品担保；从生产商角度来看，只用通过严格的生产控制管理才能生产出高质量的产品，其售后担保服务成本也才能控制在合理范围之内，因此一般能做出高水平担保承诺的厂商，其产品质量是可以让消费者放心的。

另一方面，产品担保还可通过影响感知风险影响消费者对再制造产品的购买意愿。担保水平与感知风险之间为负向关系，高水平担保可降低消费者的感知风险，进而增强其对再制造产品的购买意愿。

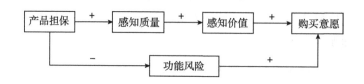

图2-5 产品担保对购买意愿的影响示意

五、本章小结

本章梳理了闭环供应链、再制造、产品担保与再制造产品担保的概念、内容、特征、作用、类型、产生发展及其相关运行原理，为全书构建了理论基础框架。

闭环供应链是在产品消费后，通过回收实现其价值再生，以实现企业受益最大化的复杂系统。再制造以回收产品性能实现恢复为目标，以优质、高效、节能、节材、环保为准则，以高科技和产业化为手段，对废旧回收产品进行清洗、拆卸、修复使其产品性能恢复的一系列加工活动的总称。再制造闭环供应链是制造与再制造共存情况下的一类特殊的闭环供应链系统，其存在的意义在于除能保证企业的收益外，还可通过价值恢复高效利用资源，降低废弃产品对环境的破坏。

作为向市场传递产品质量信息的重要指标，产品担保具有悠久的历史，其策略按照不同的标准可分为多种类型。产品担保的内容包括产品资料、技术培训、零部件供应、保养维修、退换服务、担保反馈等方面。对于不同的主体而言，担保的作用也存在差异。

再制造产品具有耐用性、仅丧失部分功能、剩余价值高等特点，在销售过程中应当明确标注出其再制造的属性。虽然再制造产品在质量、性能等方面与新产品无显著差异，但在传统消费意识影响下，消费者对再制造产品还是会存有顾虑的，而产品担保作为一项重要的产品外部线索，可通过影响消费者的感知质量与感知风险，有效增强其对再制造产品的购买意向。

第三章

再制造闭环供应链中产品担保
决策边界条件分析

再制造产品是对所回收的废旧产品进行加工处理而形成的特殊产品，虽然在质量性能等方面与新产品并无太大差异，但消费者在选择购买再制造产品时还是会存有一定的顾虑。为消除这种顾虑，增强顾客的购买意愿，再制造产品在销售过程中往往需要附带提供担保服务，即再制造产品担保。然而，对担保责任方而言，虽然担保服务会对再制造产品销售产生一定的促进作用，但同时也会产生相应的担保成本。如果担保成本支出高于提供担保而获得的收益，担保服务就不会发生。在这种情况下国家若是强制要求再制造产品提供担保服务，再制造产业将难以发展。因此，对再制造产品提供担保服务是有边界条件的，需要通过对担保责任方提供担保前后的收益进行比较，分析担保决策的边界条件。

　　当前，国内外学者对产品担保的相关研究往往假定某种产品担保服务已经存在，几乎没有关注相关责任方是否会自愿提供担保的决策问题，而对担保责任方自愿提供担保服务时，相关产品担保期限的决策更是涉及甚少。本章在再制造产品生产不受回收约束与受回收约束两种条件下，假设产品担保的责任主体为生产商，通过比较对再制造产品提供与不提供担保前后的收益，分析对再制造产品提供担保决策的边界条件；进一步扩展担保服务对象，探讨生产商对新产品、再制造产品均提供担保服务的决策边界条件。

　　本章的结构安排如图 3-1 所示。

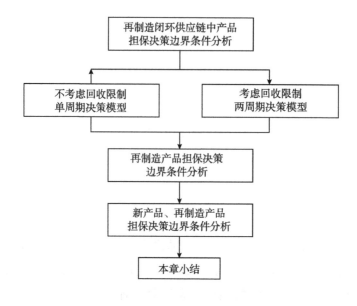

图 3-1　第三章结构安排

一、问题描述与模型假设

（一）问题描述

生产商是否选择提供担保服务，取决于提供担保前后的收益比较，若能获取额外收益，则选择提供担保，反之则不提供担保。因新产品、再制造产品在销售过程中都有可能附带担保服务，本书在分析生产商担保决策的过程中，将分别探讨生产商对再制造产品提供担保，对新产品、再制造产品均提供担保两种情况。理论上生产商也可能会选择只对新产品提供担保，而不对再制造产品担保。但此时再制造产品将处于更加劣势的竞争地位，使分销商的整体收益大幅下降，因此在实际中一般不会出现这种情况，本书不对此进行分析。

根据再制造产品生产是否受 EOL 产品回收量的限制，本章将构建不考虑回收限制的单周期决策模型与考虑回收限制的两周期决策模型，每种模型均需对以下两类问题进行探讨：

1. 再制造产品担保决策边界条件分析

分析生产商对再制造产品提供担保服务的边界条件，需比较其提供担保前后收益的差异，探讨担保决策边界条件的限定范围。此时，闭环供应链内各主体活动顺序为：生产商以价格 p_n 将新产品推向市场，消费者使用新产品后形成 EOL 产品，生产商以回收价 A 从消费者处回收 EOL 产品，对其进行再制造并以价格 p_r 卖给消费者，同时决策是否对再制造产品提供担保。

2. 新产品、再制造产品担保决策边界条件分析

研究生产商对新产品、再制造产品均提供担保服务的边界条件，同样需比较其提供担保前后收益的差异，分析担保决策边界条件的选择范围。在此种情况下，闭环供应链中各主体的决策顺序与再制造产品被提供担保时相似，唯一区别为生产商在卖出新产品时，需要对是否提供担保服务做出决策。

具体产品担保决策模型如图 3-2 所示。

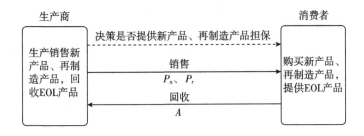

图 3-2　产品担保决策模型

（二）符号说明与模型假设

本章用 S 表示不考虑回收限制的单周期决策模型，用 D 表示考虑回收

限制的两周期决策模型，由于每种模型又分为不提供担保、仅对再制造产品提供担保、对新产品与再制造产品均提供担保三种情况，故本章将讨论六种模型，具体如表3-1所示。

表3-1　六种模型表示符号

周期	不提供 担保（O）	仅对再制造产品 担保（R）	对再制造产品、新产品 均担保（NR）
单周期（S）	模型 SO	模型 SR	模型 SNR
两周期（D）	模型 DO	模型 DR	模型 DNR

本章用符号 $\prod_{M}^{i}$ 表示生产商在 i 模型中的收益，上标 $i\in$（SO，DO，SR，SNR，DR，DNR）表示六种模型，下标 M 表示生产商，n 表示新产品，r 表示再制造产品。两周期模型中，下标 1 和下标 2 分别表示第一周期和第二周期，记 $\prod_{1M}$ 为生产商第一周期的收益，$\prod_{2M}^{i}$ 为生产商在第二周期 i 模型中的收益。

本章做如下假设：

假设 3-1：生产商制造新产品、再制造产品单位成本分别为 c_n、c_r、（$c_n>c_r>0$），EOL 产品的回收价为 A。

假设 3-2：新产品、再制造产品的担保期限为 t_n、t_r，其担保成本分别为 $\dfrac{\varphi_n t_n^2}{2}$、$\dfrac{\varphi_r t_r^2}{2}$（$\varphi_n$、$\varphi_r>0$ 为生产商对新产品、再制造产品担保投资规模系数）。

假设 3-3：消费者购买新产品、再制造产品的效用函数分别为 $u_n=v_n-p_n$、$u_r=v_r-p_r$，其中 v_n、v_r 为消费者对新产品、再制造产品的支付意愿（v_n 服从 [0，1] 上的均匀分布，$v_r=\theta v_n$，$\theta\in$（0，1）为消费者对再制造产品的接受程度），当 $u_n\geqslant u_r$ 时，消费者购买新产品；反之则购买再制造产品。根据 Lund（1996）、Sinha 和 DeSarbo（1998）的研究可知，当市场容量为 1 时，新产品、再制造产品的市场需求量分别为 $q_n=1-\dfrac{p_n-p_r}{1-\theta}$，$q_r=$

$$\frac{p_n-p_r}{1-\theta}-\frac{p_r}{\theta}\circ$$

假设 3-4：当新产品、再制造产品的担期限为 t_n、t_r 时，消费者购买新产品、再制造产品的效用函数分别为 $u_n=v_n-p_n+\delta t_n$、$u_r=v_r-p_r+\delta t_r$（δ 为担保期限对产品需求量的影响系数）。由刘建伟和马军海（2016）、Liao 和 Li（2016）的研究成果可知，提供担保服务时，新产品、再制造产品的市场需求量分别为 $q_n=1-\dfrac{p_n-p_r-\delta t_n+\delta t_r}{1-\theta}$、$q_r=\dfrac{p_n-p_r-\delta t_n+\delta t_r}{1-\theta}-\dfrac{p_r}{\theta}\circ$

假设 3-5：再制造产品与新产品功能相同，因此，一个消费者最多只购买一单位新产品或一单位再制造产品。

假设 3-6：EOL 产品回收价为 A，回收率为 ρ，在不考虑回收限制的单周期模型中，分销商回收的 EOL 产品数量能够满足生产商对再制造产品的生产需要。

二、不考虑EOL产品回收限制单周期模型担保决策边界条件

探讨不考虑回收限制单周期模型担保决策边界条件，需要分析 EOL 产品回收数量充足的单周期模型。在此模型中，回收的 EOL 产品总量能够保证再制造的顺利进行，生产商决策不受 EOL 产品回收数量的限制。

（一）再制造产品担保决策边界条件分析

分析再制造产品担保决策边界条件，生产商面临的决策问题为：是否提供再制造产品担保服务，通过比较提供担保前后的收益差异，即可得到对再制造产品提供担保的边界条件。

1. 生产商不对再制造产品提供担保

当生产商不对任何产品提供担保时（$t_n = t_r = 0$，记为 SO 模型），可知，新产品、再制造产品的市场需求量分别为 $q_n = 1 - \frac{p_n - p_r}{1-\theta}$、$q_r = \frac{p_n - p_r}{1-\theta} - \frac{p_r}{\theta}$。生产商将以自身收益最大化为目标进行决策，确定新产品、再制造产品的销售价格 p_n、p_r，其决策问题表示如下：

$$\max_{p_n, p_r} \prod_M^{SO} = (p_n - c_n)\left(1 - \frac{p_n - p_r}{1-\theta}\right) + (p_r - c_r - A)\left(\frac{p_n - p_r}{1-\theta} - \frac{p_r}{\theta}\right)$$

$$(3-1)$$

由式（3-1）的一阶条件，可知：

$$p_n^{SO*} = \frac{1}{2}(1 + c_n)$$

$$p_r^{SO*} = \frac{A + \theta + c_r}{2}$$

故可得新产品、再制造产品的最优销售量如下：

$$q_n^{SO*} = \frac{1 + A - \theta - c_n + c_r}{2 - 2\theta}$$

$$q_r^{SO*} = \frac{\theta c_n - c_r - A}{2\theta(1-\theta)}$$

继而可得生产商的最优收益如下：

$$\prod_M^{SO*} = \frac{A^2 + \theta - \theta^2 + \theta c_n^2 + 2Ac_r + c_r^2 - 2\theta c_n(1 + A - \theta + c_r)}{4(1-\theta)\theta}$$

2. 生产商对再制造产品提供担保

当生产商对再制造产品提供担保时（$t_n = 0$，$t_r > 0$，记为 SR 模型），可知，新产品、再制造产品的市场需求量分别为 $q_n = 1 - \frac{p_n - p_r + \delta t_r}{1-\theta}$、$q_r = \frac{p_n - p_r + \delta t_r}{1-\theta} - \frac{p_r - \delta t_r}{\theta}$。再制造产品的市场需求将因此产生变化，而生产商也需要承担相应的担保成本。此时生产商的决策目标仍为自身收益最大化，需确定新产品、再制造产品的销售价格 p_n、p_r 及再制造产品的担保期限 t_r，其决策问题表示如下：

$$\max_{p_n、p_r、t_r} \prod_M^{SR} = (p_n - c_n)\left(1 - \frac{p_n - p_r + \delta t_r}{1 - \theta}\right) + (p_r - c_r - A)$$

$$\left(\frac{p_n - p_r + \delta t_r}{1 - \theta} - \frac{p_r - \delta t_r}{\theta}\right) - \frac{\varphi_r t_r^2}{2} \tag{3-2}$$

结论 3-1：在无回收限制下，生产商自愿对再制造产品提供担保服务的决策边界条件为 $\delta < \sqrt{2\theta\varphi_r(1-\theta)}$。若满足此条件，生产商将对再制造产品提供期限为 $t_r^{SR^*} = \dfrac{A\delta_r - \theta c_n \delta + c_r \delta}{\delta_r^2 - 2\theta\varphi_r + 2\theta^2\varphi_r}$ 的担保服务。

证明：

由式（3-2）的一阶条件，可得：

$$p_n^{SR^*} = \frac{1}{2}(1 + c_n)$$

$$p_r^{SR^*} = \frac{-2A\delta^2 - \theta\delta^2 + \theta c_n\delta^2 - 2c_r\delta^2 + 2A\theta\varphi_r + 2\theta^2\varphi_r - 2A\theta^2\varphi_r - 2\theta^3\varphi_r + 2\theta c_r\varphi_r - 2\theta^2 c_r\varphi_r}{2(\delta^2 - 2\theta\varphi_r + 2\theta^2\varphi_r)}$$

$$t_r^{SR^*} = \frac{A\delta - \theta c_n\delta + c_r\delta}{\delta^2 - 2\theta\varphi_r + 2\theta^2\varphi_r}$$

继而可得：

$$q_n^{SR^*} = \frac{\delta^2(1 - c_n) + 2\theta\varphi_r(-1 - A + \theta + c_n - c_r)}{2\delta^2 + 4\theta\varphi_r(-1 + \theta)}$$

$$q_r^{SR^*} = \frac{\varphi_r(A - \theta c_n + c_r)}{\delta^2 + 2\theta\varphi_r(\theta - 1)}$$

进一步可得生产商的最优收益如下：

$$\prod_M^{SR^*} = \frac{(-1 + c_n)^2\delta^2 - 2\varphi_r[A^2 + \theta - \theta^2 + \theta c_n^2 + 2Ac_r + c_r^2 - 2\theta c_n(1 + A - \theta + c_r)]}{4\delta^2 + 8\theta\varphi_r(-1 + \theta)}$$

$$\prod_M^{SR^*} - \prod_M^{SO^*} = \frac{\delta^2(A - \theta c_n + c_r)^2}{4\theta(1 - \theta)[2\theta\varphi_r(1 - \theta) - \delta^2]}$$

因 $\delta^2(A - \theta c_n + c_r)^2 > 0$，$4\theta(1 - \theta) > 0$，$\delta \geq 0$，故当 $2\theta\varphi_r(1 - \theta) - \delta^2 > 0$

即 $\delta<\sqrt{2\theta\varphi_r(1-\theta)}$ 时，$\prod_M^{SR^*}>\prod_M^{SO^*}$，生产商将自发对再制造产品提供担保服务，原命题得证。

由结论 3-1 可知，不考虑 EOL 产品回收限制条件下，生产商是否对再制造产品提供担保服务取决于 δ 与 $\sqrt{2\theta\varphi_r(1-\theta)}$ 的对比关系。因 δ、θ、φ_r 受再制造闭环供应链的具体环境条件制约，一般比较固定，所以只有当 $\delta<\sqrt{2\theta\varphi_r(1-\theta)}$ 时，生产商对再制造产品提供担保服务才能获得更多收益，才愿意主动地为再制造产品提供担保服务。

（二）新产品、再制造产品担保决策边界条件分析

除对再制造产品提供担保外，生产商还可选择对新产品、再制造产品同时提供担保，从而创造出更高的收益。本节进一步对再制造闭环供应链的担保决策问题进行扩展，探讨生产商对新产品、再制造产品提供担保的决策边界条件。通过比较提供担保前后生产商的获利水平，即可得出新产品、再制造产品担保决策的边界条件。

当生产商对新产品、再制造产品均提供担保时（$t_n>0$，$t_r>0$，记为 SNR 模型），可知新产品、再制造产品的市场需求量分别为 $q_n=1-\dfrac{p_n-p_r-\delta t_n+\delta t_r}{1-\theta}$、$q_r=\dfrac{p_n-p_r-\delta t_n+\delta t_r}{1-\theta}-\dfrac{p_r-\delta t_r}{\theta}$。此时生产商的决策目标仍为自身收益最大化，需确定新产品、再制造产品的销售价格 p_n、p_r 与担保期限 t_n、t_r，其决策问题为：

$$\max_{p_n、p_r、t_n、t_r}\prod_M^{SNR}=(p_n-c_n)\left(1-\frac{p_n-p_r-\delta t_n+\delta t_r}{1-\theta}\right)+(p_r-c_r-A)$$

$$\left(\frac{p_n-p_r-\delta t_n+\delta t_r}{1-\theta}-\frac{p_r-\delta t_r}{\theta}\right)-\frac{\varphi_n t_n^2+\varphi_r t_r^2}{2} \quad (3-3)$$

结论 3-2：在无回收限制下，生产商自愿对新产品、再制造产品均提供担保服务的决策边界条件为 $\delta<\min\left\{\sqrt{\dfrac{2[\varphi_n(A-\theta c_n+c_r)^2+\theta^2\varphi_r(1+A-\theta-c_n+c_r)^2]}{A^2+(1-\theta)\theta+\theta c_n^2+c_r(2A+c_r)-2\theta c_n(1-\theta+A+c_r)}}\right.$，

$$\sqrt{\varphi_n+\theta\varphi_r-(\varphi_n^2-2\theta\varphi_n\varphi_r+\theta^2\varphi_n\varphi_r+\theta^2\varphi_r^2)^{\frac{1}{2}}} \ \text{或} \ \sqrt{\varphi_n+\theta\varphi_r+(\varphi_n^2-2\theta\varphi_n\varphi_r+4\theta^2\varphi_n\varphi_r+\theta^2\varphi_r^2)^{\frac{1}{2}}} <$$

$$\delta<\sqrt{\frac{2[\varphi_n(A-\theta c_n+c_r)^2+\theta^2\varphi_r(1+A-\theta-c_n+c_r)^2]}{A^2+(1-\theta)\theta+\theta c_n^2+c_r(2A+c_r)-2\theta c_n(1-\theta+A+c_r)}}$$ 。若满足此条件，生产商将对新

产品、再制造产品分别提供期限为 $t_n^{SNR^*}=\dfrac{\delta^3(c_n-1)+2\delta\theta\varphi_r(1+A-\theta-c_n+c_r)}{\delta^4-2\delta^2\varphi_n-2\theta\varphi_r[\delta^2+2\varphi_n(\theta-1)]}$、

$t_r^{SNR^*}=\dfrac{\delta^3(A-\theta+c_r)-2\delta\varphi_n(A-\theta c_n+c_r)}{\delta^4-2\delta^2\varphi_n-2\theta\varphi_r[\delta^2+2\varphi_n(\theta-1)]}$ 的担保服务。

证明：

与结论 3-1 证明方法相同，由式（3-3）的一阶条件，可得：

$$p_n^{SNR^*}=\frac{\delta^4c_n-\delta^2\varphi_n(1+c_n)+\theta\varphi_r[\delta^2(A-\theta-2c_n+c_r)-2\varphi_n(\theta-1)(1+c_n)]}{\delta^4-2\delta^2\varphi_n-2\theta\varphi_r[\delta^2+2\varphi_n(\theta-1)]}$$

$$p_r^{SNR^*}=\frac{\delta^4(A+c_r)-\delta^2\varphi_n(2A+\theta-\theta c_n+2c_r)-\theta\varphi_r(A+\theta+c_r)[\delta^2+2\varphi_n(\theta-1)]}{\delta^4-2\delta^2\varphi_n-2\theta\varphi_r[\delta^2+2\varphi_n(\theta-1)]}$$

$$t_n^{SNR^*}=\frac{\delta^3(c_n-1)+2\delta\theta\varphi_r(1+A-\theta-c_n+c_r)}{\delta^4-2\delta^2\varphi_n-2\theta\varphi_r[\delta^2+2\varphi_n(\theta-1)]}$$

$$t_r^{SNR^*}=\frac{\delta^3(A-\theta+c_r)-2\delta\varphi_n(A-\theta c_n+c_r)}{\delta^4-2\delta^2\varphi_n-2\theta\varphi_r[\delta^2+2\varphi_n(\theta-1)]}$$

$$q_n^{SNR^*}=\frac{\varphi_n[\delta^2(1-c_n)+2\theta\varphi_r(1+A-\theta-c_n+c_r)]}{\delta^4-2\delta^2\varphi_n-2\theta\varphi_r[\delta^2+2\varphi_n(\theta-1)]}$$

$$q_r^{SNR^*}=\frac{\varphi_r[\delta^2(A-\theta+c_r)-2\varphi_n(A-\theta c_n+c_r)]}{\delta^4-2\delta^2\varphi_n-2\theta\varphi_r[\delta^2+2\varphi_n(\theta-1)]}$$

$$\prod\nolimits_M^{SNR^*}=\frac{\delta^2\varphi_r(A-\theta+c_r)^2+\varphi_n\{\delta^2(c_n-1)^2-2\varphi_r[A^2+\theta-\theta^2+\theta c_n^2+2Ac_r+c_r^2-2\theta c_n(1+A-\theta+c_r)]\}}{2\{\delta^4-2\delta^2\varphi_n-2\theta\varphi_r[\delta^2+2\varphi_n(\theta-1)]\}}$$

继而可知：

$$\prod\nolimits_M^{SNR^*}-\prod\nolimits_M^{SO^*}=\frac{\delta^2\left\{\begin{array}{l}-\delta^2(A^2+\theta-\theta^2)-2A\delta^2c_r-\delta^2c_r^2+2A^2\varphi_n+4Ac_r\varphi_n+2c_r^2\varphi_n+\\ 2\theta c_n[(1+A-\theta)(\delta^2-2\theta\varphi_r)-2A\varphi_n+c_r(\delta^2-2\varphi_n-2\theta\varphi_r)]+\\ 2\theta^2(1+A-\theta+c_r)^2\varphi_r+\theta c_n^2[2\theta(\varphi_n+\varphi_r)-\delta^2]\end{array}\right\}}{4\theta(1-\theta)\{\delta^4-2\delta^2\varphi_n-2\theta\varphi_r[\delta^2+2\varphi_n(\theta-1)]\}}$$

$$= \frac{\delta^2 \left\{ \begin{array}{l} -\delta^2(A^2+\theta-\theta^2)-2A\delta^2 c_r-\delta^2 c_r^2+2A^2\varphi_n+4Ac_r\varphi_n+2c_r^2\varphi_n+ \\ 2\theta c_n\left[(1+A-\theta)(\delta^2-2\theta\varphi_r)-2A\varphi_n+c_r(\delta^2-2\varphi_n-2\theta\varphi_r)\right] \end{array} \right\}}{4\theta(1-\theta)\left\{\delta^4-2\delta^2\varphi_n-2\theta\varphi_r\left[\delta^2+2\varphi_n(\theta-1)\right]\right\}}$$

因 $\delta^4-2\delta^2\varphi_n-2\theta\varphi_r\left[\delta^2+2\varphi_n(\theta-1)\right]=\dfrac{\varphi_n q_n^{SR^*}\left[2\delta^2+4\theta\varphi_r(-1+\theta)\right]}{q_n^{SNR^*}}$ 需大于零

才 有 意 义, 故 当 $\delta^4 - 2\delta^2\varphi_n - 2\theta\varphi_r\left[\delta^2 + 2\varphi_n(\theta-1)\right] > 0$ 且

$$\left\{ \begin{array}{l} -\delta^2(A^2+\theta-\theta^2)-2A\delta^2 c_r-\delta^2 c_r^2+2A^2\varphi_n+4Ac_r\varphi_n+2c_r^2\varphi_n+ \\ 2\theta c_n\left[(1+A-\theta)(\delta^2-2\theta\varphi_r)-2A\varphi_n+c_r(\delta^2-2\varphi_n-2\theta\varphi_r)\right] \end{array} \right\} > 0 \text{ 时, } \prod_M^{SNR^*} > \prod_M^{SO^*},$$

化简 $\delta^4 - 2\delta^2\varphi_n - 2\theta\varphi_r\left[\delta^2 + 2\varphi_n(\theta - 1)\right] > 0$ 可 得 $\delta <$

$\sqrt{\varphi_n+\theta\varphi_r-(\varphi_n^2-2\theta\varphi_n\varphi_r+4\theta^2\varphi_n\varphi_r+\theta^2\varphi_r^2)^{\frac{1}{2}}}$ 或 $\delta > \sqrt{\varphi_n+\theta\varphi_r+(\varphi_n^2-2\theta\varphi_n\varphi_r+4\theta^2\varphi_n\varphi_r+\theta^2\varphi_r^2)^{\frac{1}{2}}}$,

化简 $-\delta^2(A^2+\theta-\theta^2)-2A\delta^2 c_r-\delta^2 c_r^2+2A^2\varphi_n+4Ac_r\varphi_n+2c_r^2\varphi_n+2\theta c_n\left[(1+A-\theta)\right.$

$\left.(\delta^2-2\theta\varphi_r)-2A\varphi_n+c_r(\delta^2-2\varphi_n-2\theta\varphi_r)\right] > 0$ 可得:

$$\delta < \sqrt{\frac{2\left[\varphi_n(A-\theta c_n+c_r)^2+\theta^2\varphi_r(1+A-\theta-c_n+c_r)^2\right]}{A^2+(1-\theta)\theta+\theta c_n^2+c_r(2A+c_r)-2\theta c_n(1-\theta+A+c_r)}}$$

故 当 $\delta < \min \left\{ \sqrt{\dfrac{2\left[\varphi_n(A-\theta c_n+c_r)^2+\theta^2\varphi_r(1+A-\theta-c_n+c_r)^2\right]}{A^2+(1-\theta)\theta+\theta c_n^2+c_r(2A+c_r)-2\theta c_n(1-\theta+A+c_r)}} \right.,$

$\left. \sqrt{\varphi_n+\theta\varphi_r-(\varphi_n^2-2\theta\varphi_n\varphi_r+4\theta^2\varphi_n\varphi_r+\theta^2\varphi_r^2)^{\frac{1}{2}}} \right\}$ 或 $\sqrt{\varphi_n+\theta\varphi_r+(\varphi_n^2-2\theta\varphi_n\varphi_r+4\theta^2\varphi_n\varphi_r+\theta^2\varphi_r^2)^{\frac{1}{2}}} <$

$\delta < \sqrt{\dfrac{2\left[\varphi_n(A-\theta c_n+c_r)^2+\theta^2\varphi_r(1+A-\theta-c_n+c_r)^2\right]}{A^2+(1-\theta)\theta+\theta c_n^2+c_r(2A+c_r)-2\theta c_n(1-\theta+A+c_r)}}$ 时, $\prod_M^{SNR^*} > \prod_M^{S^*}$, 生产商

将自发对新产品、再制造产品提供担保服务, 原命题得证。

由结论 3-2 可知, 不考虑 EOL 产品回收限制条件下, 生产商是否对新产品、再制造产品均提供担保服务取决于 δ 与

$\sqrt{\dfrac{2\left[\varphi_n(A-\theta c_n+c_r)^2+\theta^2\varphi_r(1+A-\theta-c_n+c_r)^2\right]}{A^2+(1-\theta)\theta+\theta c_n^2+c_r(2A+c_r)-2\theta c_n(1-\theta+A+c_r)}}$、$\sqrt{\varphi_n+\theta\varphi_r+(\varphi_n^2-2\theta\varphi_n\varphi_r+4\theta^2\varphi_n\varphi_r+\theta^2\varphi_r^2)^{\frac{1}{2}}}$ 的对

比关系。因 c_n、c_r、A、δ、θ、φ_n、φ_r 受再制造闭环供应链的具体环境条件制约,

一般比较固定，所以只有当 $\delta < \min\left\{\sqrt{\dfrac{2\left[\varphi_n(A-\theta c_n+c_r)^2+\theta^2\varphi_r(1+A-\theta-c_n+c_r)^2\right]}{A^2+(1-\theta)\theta+\theta c_n^2+c_r(2A+c_r)-2\theta c_n(1-\theta+A+c_r)}}\right.$,

$\left.\sqrt{\varphi_n+\theta\varphi_r-(\varphi_n^2-2\theta\varphi_n\varphi_r+4\theta^2\varphi_n\varphi_r+\theta^2\varphi_r^2)^{\frac{1}{2}}}\right\}$ 或 $\sqrt{\varphi_n+\theta\varphi_r+(\varphi_n^2-2\theta\varphi_n\varphi_r+4\theta^2\varphi_n\varphi_r+\theta^2\varphi_r^2)^{\frac{1}{2}}}<$

$\delta < \sqrt{\dfrac{2\left[\varphi_n(A-\theta c_n+c_r)^2+\theta^2\varphi_r(1+A-\theta-c_n+c_r)^2\right]}{A^2+(1-\theta)\theta+\theta c_n^2+c_r(2A+c_r)-2\theta c_n(1-\theta+A+c_r)}}$ 时，生产商对再制造产品提供担保服务能够取得更大利润，从而自发地为新产品与再制造产品提供担保服务。

三、考虑EOL产品回收限制两周期模型担保决策边界条件

在实际生产运营中，再制造产品生产所需的 EOL 产品数量受前一周期新产品销售的影响，并不总是能够充分满足生产的需要，由此需要分析回收数量受限制的两周期再制造闭环供应链模型。生产商第一周期只进行新产品生产，第二周期在继续生产新产品的同时，回收第一周期产生的 EOL 产品进行再制造。因本节着重分析生产商在回收约束下第二周期的担保决策问题，故假设第一周期生产商不提供担保服务。

第一周期生产商只生产新产品，其目标函数表示如下：

$$\max_{pn}\prod_{1M} = (p_n - c_n)(1 - p_n) \tag{3-4}$$

由式（3-4）的一阶条件，可得：

$$p_{1n}^* = \frac{1+c_n}{2}$$

继而可得：

$$q_{1n}^* = \frac{1-c_n}{2}$$

$$\prod_{1M}^* = \frac{(1-c_n)^2}{2}$$

由此可知,第二周期再制造产品的生产销售需满足:$q_{2r} \leqslant \rho q_{1n}^* = \frac{\rho(1-c_n)}{2}$。

(一) 再制造产品担保决策边界条件分析

1. 生产商不对新产品、再制造产品提供担保

当生产商不对任何产品提供担保时($t_{2n}=t_{2r}=0$,记为 DO 模型),可知新产品、再制造产品的市场需求量分别为 $q_{2n}=1-\frac{p_{2n}-p_{2r}}{1-\theta}$、$q_{2r}=\frac{p_{2n}-p_{2r}}{1-\theta}-\frac{p_{2r}}{\theta}$。生产商将以收益最大化为目标进行决策,确定新产品、再制造产品的销售价格 p_{2n}、p_{2r},其决策问题表示如下:

$$\max_{p_{2n}, p_{2r}} \prod_{2M}^{DO} = (p_{2n}-c_n)\left(1-\frac{p_{2n}-p_{2r}}{1-\theta}\right) + (p_{2r}-c_r-A)\left(\frac{p_{2n}-p_{24}}{1-\theta}-\frac{p_{2r}}{\theta}\right)$$

$$(3-5)$$

s. t. $q_{2r} \leqslant \rho q_{1n}^*$

结论 3-3:在有回收限制下,若生产商不对新产品、再制造产品提供担保,则当 $\rho q_{1n}^* > Q_1$ 时,新产品、再制造产品的最优价格分别为 $p_{2n}^{DO*}=p_n^{SO*}$,$p_{2r}^{DO*}=p_r^{SO*}$;当 $\rho q_{1n}^* < Q_1$ 时,新产品、再制造产品的最优价格分别为 $p_{2n}^{DO*}=\frac{1}{2}(1+c_n)=p_n^{SO*}$,$p_{2r}^{DO*}=\frac{1}{2}(\theta+\theta c_n-2\theta\rho q_{1n}^*+2\theta^2\rho q_{1n}^*)$,其中 $Q_1=\frac{\theta c_n-c_r-A}{2\theta(1-\theta)}$。

证明:

由生产商的目标函数可得其海塞矩阵如下:

$$H = \begin{vmatrix} -\dfrac{2}{1-\theta} & \dfrac{2}{1-\theta} \\ 2\left(-\dfrac{1}{1-\theta}-\dfrac{1}{\theta}\right) & \dfrac{2}{1-\theta} \end{vmatrix} = \frac{4(1-\theta)}{(-1+\theta)^2\theta} > 0$$

由此可知海塞矩阵负定，生产商目标函数为凹函数，存在最优解，继而构建拉格朗日函数如下：

$$L\left(\prod\nolimits_{2M}^{DO}\right) = (p_{2n}-c_n)\left(1-\frac{p_{2n}-p_{2r}}{1-\theta}\right) + (p_{2r}-c_r-A)\left(\frac{p_{2n}-p_{2r}}{1-\theta}-\frac{p_{2r}}{\theta}\right) + $$

$$\lambda_1\left(\rho q_{1n}^* - \frac{p_{2n}-p_{2r}}{1-\theta}+\frac{p_{2r}}{\theta}\right) \tag{3-6}$$

其 K-T 条件如下：

$$\frac{\partial L(\prod_{2M}^{DO})}{\partial p_{2n}} = 1-\frac{\lambda_1}{1-\theta}-\frac{-c_n+p_{2n}}{1-\theta}-\frac{p_{2n}-p_{2r}}{1-\theta}+\frac{-A-c_r+p_{2r}}{1-\theta}=0 \tag{3-7}$$

$$\frac{\partial L(\prod_{2M}^{DO})}{\partial p_{2r}} = \frac{\lambda_1}{1-\theta}+\frac{\lambda_1}{\theta}+\frac{-c_n+p_{2n}}{1-\theta}+\frac{p_{2n}-p_{2r}}{1-\theta}-\frac{p_{2r}}{\theta}+\left(-\frac{1}{1-\theta}-\frac{1}{\theta}\right)$$

$$(-A-c_r+p_{2r})=0 \tag{3-8}$$

$$\lambda_1\left(\rho q_{1n}^*-\frac{p_{2n}-p_{2r}}{1-\theta}+\frac{p_{2r}}{\theta}\right)=0, \ \lambda_1\geq 0 \tag{3-9}$$

因 $\lambda_1\geq 0$，所以分两种情况进行讨论：

（1）当 $\lambda_1=0$ 时，联合式（3-7）、式（3-8）可得：

$$p_{2n}^{DO^*}=\frac{1}{2}(1+c_n)=p_n^{SO^*}$$

$$p_{2r}^{DO^*}=\frac{A}{2}+\frac{\theta}{2}+\frac{c_r}{2}=p_r^{SO^*}$$

（2）当 $\lambda_1>0$ 时，联合式（3-7）、式（3-8）与式（3-9）可得：

$$\lambda_1=-A+\theta c_n-c_r-2\theta\rho q_{1n}^*+2\theta^2\rho q_{1n}^*$$

$$p_{2n}^{DO^*}=\frac{1}{2}(1+c_n)=p_n^{SO^*}$$

$$p_{2r}^{DO^*}=\frac{1}{2}(\theta+\theta c_n-2\theta\rho q_{1n}^*+2\theta^2\rho q_{1n}^*)$$

因 $\lambda_1>0$，可得 $\rho q_{1n}^*<\frac{\theta c_n-c_r-A}{2\theta(1-\theta)}$，原命题得证。

由于 $\rho q_{1n}^* > \dfrac{\theta c_n - c_r - A}{2\theta(1-\theta)}$（$\lambda_1 = 0$）对应的是无回收限制的情况，在上节已有讨论，因此，下面关于两周期模型的决策结果只讨论 $\rho q_{1n}^* < \dfrac{\theta c_n - c_r - A}{2\theta(1-\theta)}$（$\lambda_1 > 0$）的情形。

由结论 3-3 可知，第二周期新产品、再制造产品的销量分别为：

$$q_{2n}^{DO^*} = \frac{1}{2}(1 - c_n - 2\theta\rho q_{1n}^*)$$

$$q_{2r}^{DO^*} = \rho q_{1n}^*$$

第二周期生产商最优收益为：

$$\prod_{2M}^{DO^*} = \frac{1}{4}(c_n - 1)^2 - \rho q_{1n}^*(A - \theta c_n + c_r) + \theta\rho^2 q_{1n}^{*2}(\theta - 1)$$

2. 生产商对再制造产品提供担保

当生产商对再制造产品提供担保时（$t_{2n} = 0$，$t_{2r} > 0$，记为 DR 模型），可知新产品、再制造产品的市场需求量分别为 $q_{2n} = 1 - \dfrac{p_{2n} - p_{2r} + \delta t_{2r}}{1-\theta}$、$q_{2r} = \dfrac{p_{2n} - p_{2r} + \delta t_{2r}}{1-\theta} - \dfrac{p_{2r} - \delta t_{2r}}{\theta}$。再制造产品的市场需求将因此产生变化，而生产商也需要承担相应的担保成本。此时生产商的决策目标仍为自身收益最大化，需确定新产品、再制造产品的销售价格 p_{2n}、p_{2r} 及再制造产品的担保期限 t_{2r}，其决策问题表示如下：

$$\max_{p_{2n},\, p_{2r},\, t_{2r}} \prod_{2M}^{DR} = (p_{2n} - c_n)\left(1 - \frac{p_{2n} - p_{2r} + \delta t_{2r}}{1-\theta}\right) + (p_{2r} - c_r - A)$$

$$\left(\frac{p_{2n} - p_{2r} + \delta t_{2r}}{1-\theta} - \frac{p_{2r} - \delta t_{2r}}{\theta}\right) - \frac{\varphi_r t_{2r}^2}{2} \tag{3-10}$$

s. t. $q_{2r} \leqslant \rho q_{1n}^*$

结论 3-4：在有回收限制的情况下，若生产商对再制造产品提供担保，则当 $\rho q_{1n}^* \geqslant Q_2$ 时，新产品、再制造产品的最优价格分别为 $p_{2n}^{DR^*} = p_n^{SR^*}$，$p_{2r}^{DR^*} = p_r^{SR^*}$，再制造产品的最优担保期限为 $t_{2r}^{SR^*} = t_r^{SR^*}$；当 $\rho q_{1n}^* < Q_2$ 时，新产

品、再制造产品的最优价格分别为 $p_{2n}^{DR^*} = \frac{1}{2}(1+c_n) = p_n^{SR^*}$，$p_{2r}^{DR^*} = \frac{1}{2}\theta[1+$

$c_n + 2\rho q_{1n}^*(\theta-1)] + \frac{\delta^2 \rho q_{1n}^*}{\varphi_r}$，再制造产品的最优担保期限为 $t_{2r}^{DR^*} = \frac{\delta \rho q_{1n}^*}{\varphi_r}$，其中

$$Q_2 = \frac{\varphi_r(\theta c_n - A - c_r)}{2\theta\varphi_r(1-\theta) - \delta^2}。$$

证明：

与结论 3-3 的证明方法相同，判定式（3-10）为凹函数，存在最优解，构建拉格朗日函数如下：

$$L\left(\prod_{2M}^{DR}\right) = (p_{2n} - c_n)\left(1 - \frac{p_{2n} - p_{2r} + \delta t_{2r}}{1-\theta}\right) + (p_{2r} - c_r - A)\left(\frac{p_{2n} - p_{2r} + \delta t_{2r}}{1-\theta} - \frac{p_{2r} - \delta t_{2r}}{\theta}\right) -$$

$$\frac{\varphi_r t_{2r}^2}{2} + \lambda_2\left(\rho q_{1n}^* - \frac{p_{2n} - p_{2r} + \delta t_{2r}}{1-\theta} + \frac{p_{2r} - \delta t_{2r}}{\theta}\right) \tag{3-11}$$

其 K-T 条件为：

$$\frac{\partial L\left(\prod_{2M}^{DR}\right)}{\partial p_{2n}} = 1 - \frac{\lambda_2}{1-\theta} - \frac{-c_n + p_{2n}}{1-\theta} + \frac{-A - c_r + p_{2r}}{1-\theta} - \frac{p_{2n} - p_{2r} + \delta t_{2r}}{1-\theta} = 0 \tag{3-12}$$

$$\frac{\partial L\left(\prod_{2M}^{DR}\right)}{\partial p_{2r}} = \frac{\lambda_2}{1-\theta} + \frac{\lambda_2}{\theta} + \frac{-c_n + p_{2n}}{1-\theta} + \left(-\frac{1}{1-\theta} - \frac{1}{\theta}\right)(-A - c_r + p_{2r}) - \frac{p_{2r} - \delta t_{2r}}{\theta} +$$

$$\frac{p_{2n} - p_{2r} + \delta t_{2r}}{1-\theta} = 0 \tag{3-13}$$

$$\frac{\partial L\left(\prod_{2M}^{DR}\right)}{\partial t_{2r}} = -\frac{\delta\lambda_2}{1-\theta} - \frac{\delta\lambda_2}{\theta} - \frac{\delta(-c_n + p_{2n})}{1-\theta} + \left(\frac{\delta}{1-\theta} + \frac{\delta}{\theta}\right)(-A - c_r + p_{2r}) - t_{2r}\varphi_r = 0$$

$$\tag{3-14}$$

$$\lambda_2\left(\rho q_{1n}^* - \frac{p_{2n} - p_{2r} + \delta t_{2r}}{1-\theta} + \frac{p_{2r} - \delta t_{2r}}{\theta}\right) = 0, \quad \lambda_2 \geqslant 0 \tag{3-15}$$

由 K-T 条件求解可得：

（1）当 $\lambda_2 = 0$ 时，

$$p_{2n}^{DR^*} = \frac{1}{2}(1+c_n) = p_n^{SR^*}$$

$$p_{2r}^{DR^*} = \frac{-2A\delta^2 - \delta^2\theta + \delta^2\theta c_n - 2\delta^2 c_r + 2A\theta\varphi_r + 2\theta^2\varphi_r - 2A\theta^2\varphi_r - 2\theta^3\varphi_r + 2\theta c_r\varphi_r - 2\theta^2 c_r\varphi_r}{2(\delta^2 - 2\theta\varphi_r + 2\theta^2\varphi_r)} = p_r^{SR^*}$$

$$t_{2r}^{DR^*} = -\frac{-A\delta + \delta\theta c_n - \delta c_r}{\delta^2 - 2\theta\varphi_r + 2\theta^2\varphi_r} = t_r^{SR^*}$$

（2）当 $\lambda_2 > 0$ 时，

$$\lambda_2 = \frac{-A\varphi_r + \theta c_n\varphi_r - c_r\varphi_r + q_{1n}^*(\delta^2\rho - 2\theta\rho\varphi_r + 2\theta^2\rho\varphi_r)}{\varphi_r}$$

$$p_{2n}^{DR^*} = \frac{1}{2}(1 + c_n) = p_n^{SR^*}$$

$$p_{2r}^{DR^*} = \frac{1}{2}\theta[1 + c_n + 2\rho q_{1n}^*(\theta - 1)] + \frac{\delta^2\rho q_{1n}^*}{\varphi_r}$$

$$t_{2r}^{DR^*} = \frac{\delta\rho q_{1n}^*}{\varphi_r}$$

因 $\lambda_2 > 0$，可得 $\rho q_{1n}^* < \frac{\varphi_r(\theta c_n - A - c_r)}{2\theta\varphi_r(1-\theta) - \delta^2}$，原命题得证。

由于 $\rho q_{1n}^* \geq \frac{\varphi_r(\theta c_n - A - c_r)}{2\theta\varphi_r(1-\theta) - \delta^2}$（$\lambda_2 = 0$）对应的是无回收限制的情况，在上节中已有讨论，因此，下面关于两周期模型的决策结果只讨论 $\rho q_{1n}^* < \frac{\varphi_r(\theta c_n - A - c_r)}{2\theta\varphi_r(1-\theta) - \delta^2}$（$\lambda_2 > 0$）的情形。

由结论 3-4 可知，第二周期新产品、再制造产品的销量分别如下：

$$q_{2n}^{DR^*} = \frac{1}{2}(1 - c_n - 2\theta\rho q_{1n}^*)$$

$$q_{2r}^{DR^*} = \rho q_{1n}^*$$

则第二周期生产商最大收益如下：

$$\prod_{2M}^{DR^*} = \frac{(c_n - 1)^2\varphi_r + 2\rho q_{1n}^*\{\delta^2\rho q_{1n}^* - 2\varphi_r[A + c_r - \theta(c_n - \rho q_{1n}^* + \theta\rho q_{1n}^*)]\}}{4\varphi_r}$$

结论 3-5：在有回收限制的情况下，生产商自愿对再制造产品提供担保服务的决策边界条件如下：$0 < \delta < \sqrt{\dfrac{-A\varphi_r + \theta c_n\varphi_r - c_r\varphi_r - 2\theta\rho q_{1n}^*\varphi_r + 2\theta^2\rho q_{1n}^*\varphi_r}{\rho q_{1n}^*}}$

或 $\delta > \max\left\{0, \sqrt{\dfrac{A\varphi_r - \theta c_n\varphi_r + c_r\varphi_r + 2\theta\rho q_{1n}^*\varphi_r - 2\theta^2\rho q_{1n}^*\varphi_r}{\rho q_{1n}^*}}\right\}$。

证明：

因 $\lambda_1 = -A + \theta c_n - c_r - 2\theta\rho q_{1n}^* + 2\theta^2\rho q_{1n}^* > 0$，$\lambda_2 = \dfrac{-A\varphi_r + \theta c_n\varphi_r - c_r\varphi_r + q_{1n}^*(\delta^2\rho - 2\theta\rho\varphi_r + 2\theta^2\rho\varphi_r)}{\varphi_r} > 0$，

故可得：$\delta < -\sqrt{\dfrac{A\varphi_r - \theta c_n\varphi_r + c_r\varphi_r + 2\theta\rho q_{1n}^*\varphi_r - 2\theta^2\rho q_{1n}^*\varphi_r}{\rho q_{1n}^*}}$ 或 $\delta >$

$\sqrt{\dfrac{A\varphi_r - \theta c_n\varphi_r + c_r\varphi_r + 2\theta\rho q_{1n}^*\varphi_r - 2\theta^2\rho q_{1n}^*\varphi_r}{\rho q_{1n}^*}}$，

又由上述分析可知，$\Pi_{2M}^{DR^*} - \Pi_{2M}^{DO^*} = \dfrac{\delta^2\rho^2 q_{1n}^{*2}}{2\varphi_r}$，$\rho$、$q_{1n}^*$、$\varphi_r$ 均大于 0，

$\delta \geqslant 0$，所以当 $0 < \delta < -\sqrt{\dfrac{A\varphi_r - \theta c_n\varphi_r + c_r\varphi_r + 2\theta\rho q_{1n}^*\varphi_r - 2\theta^2\rho q_{1n}^*\varphi_r}{\rho q_{1n}^*}}$ 或 $\delta > \max$

$\left\{0, \sqrt{\dfrac{A\varphi_r - \theta c_n\varphi_r + c_r\varphi_r + 2\theta\rho q_{1n}^*\varphi_r - 2\theta^2\rho q_{1n}^*\varphi_r}{\rho q_{1n}^*}}\right\}$ 时，$\Pi_{2M}^{DR^*} > \Pi_{2M}^{DO^*}$，生产商将自

发对再制造产品提供担保服务，原命题得证。

由结论 3-5 可知，考虑 EOL 产品回收限制条件下，生产商对再制造产品提供担保与否将取决于 δ 与 $-\sqrt{\dfrac{A\varphi_r - \theta c_n\varphi_r + c_r\varphi_r + 2\theta\rho q_{1n}^*\varphi_r - 2\theta^2\rho q_{1n}^*\varphi_r}{\rho q_{1n}^*}}$、

$\sqrt{\dfrac{A\varphi_r - \theta c_n\varphi_r + c_r\varphi_r + 2\theta\rho q_{1n}^*\varphi_r - 2\theta^2\rho q_{1n}^*\varphi_r}{\rho q_{1n}^*}}$ 之间的关系。c_n、c_r、A、δ、θ、φ_r、

ρ、q_{1n}^* 取决于再制造闭环供应链的环境条件，较为固定，故 $0 < \delta < -$

$\sqrt{\dfrac{A\varphi_r - \theta c_n\varphi_r + c_r\varphi_r + 2\theta\rho q_{1n}^*\varphi_r - 2\theta^2\rho q_{1n}^*\varphi_r}{\rho q_{1n}^*}}$ 或 $\delta > \max\left\{0, \sqrt{\dfrac{A\varphi_r - \theta c_n\varphi_r + c_r\varphi_r + 2\theta\rho q_{1n}^*\varphi_r - 2\theta^2\rho q_{1n}^*\varphi_r}{\rho q_{1n}^*}}\right\}$ 时，

生产商对再制造产品提供担保服务才能获得更多收益，也才愿意主动地为

再制造产品提供担保服务。

（二）新产品、再制造产品担保期限决策边界条件分析

当生产商对新产品、再制造产品均提供担保时（$t_{2n}>0$，$t_{2r}>0$，记为 SNR 模型），可知新产品、再制造产品的市场需求量分别为 $q_{2n}=1-\dfrac{p_{2n}-p_{2r}-\delta t_{2n}+\delta t_{2r}}{1-\theta}$、$q_{2r}=\dfrac{p_{2n}-p_{2r}-\delta t_{2n}+\delta t_{2r}}{1-\theta}-\dfrac{p_{2r}-\delta t_{2r}}{\theta}$。此时生产商的决策目标仍为自身收益最大化，需确定新产品、再制造产品的销售价格 p_{2n}、p_{2r} 与担保期限 t_{2n}、t_{2r}，其决策问题表示如下：

$$\max_{p2n、p2r、t2n、t2r}\prod{}_{M}^{DNR}=(p_{2n}-c_n)\left(1-\frac{p_{2n}-p_{2r}-\delta t_{2n}+\delta t_{2r}}{1-\theta}\right)-\frac{\varphi_n t_n^2}{2}+(p_{2r}-c_r-A)$$

$$\left(\frac{p_{2n}-p_{2r}-\delta t_{2n}+\delta t_{2r}}{1-\theta}-\frac{p_{2r}-\delta t_{2r}}{\theta}\right)-\frac{\varphi_r t_r^2}{2} \tag{3-16}$$

s. t. $q_{2r}\leqslant\rho q_{1n}^*$

结论 3-6：在有回收限制下，若生产商对新产品、再制造产品提供担保，则当 $\rho q_{1n}^*\geqslant Q_3$ 时，新产品、再制造产品的最优价格为 $p_{2n}^{DNR^*}=p_n^{SNR^*}$、$p_{2r}^{DNR^*}=p_r^{SNR^*}$，最优担保期限为 $t_{2n}^{DNR^*}=t_n^{SNR^*}$、$t_{2r}^{DNR^*}=t_r^{SNR^*}$；当 $\rho q_{1n}^*<Q_3$ 时，新产品、再制造产品的最优价格分别为 $p_{2n}^{DNR^*}=\dfrac{\delta^2(c_n+\theta\rho q_{1n}^*)-\varphi_n(1+c_n)}{\delta^2-2\varphi_n}$、$p_{2r}^{DNR^*}=\dfrac{\delta^2\theta(1-\rho q_{1n}^*)-\theta\varphi_n[1+c_n+2\rho q_{1n}^*(-1+\theta)]}{\delta^2-2\varphi_n}+\dfrac{\delta^2\rho q_{1n}^*}{\varphi_r}$，最优担保期限为 $t_{2n}^{SNR^*}=\dfrac{\delta(c_n-1+2\theta\rho q_{1n}^*)}{\delta^2-2\varphi_n}$、$t_{2r}^{SNR^*}=\dfrac{\delta\rho q_{1n}^*}{\varphi_r}$，其中 $Q_3=\dfrac{\varphi_r[\delta^2(A-\theta+c_r)+2\varphi_n(\theta c_n-A-c_r)]}{\delta^4-2\delta^2\varphi_n-2\theta\varphi_r[\delta^2+2\varphi_n(\theta-1)]}$。

证明：

与结论 3-3 的证明方法相同，判定式（3-16）为凹函数，存在最优解，构建拉格朗日函数如下：

$$L\left(\prod{}_{2M}^{DNR}\right)=(p_{2n}-c_n)\left(1-\frac{p_{2n}-p_{2r}-\delta t_{2n}+\delta t_{2r}}{1-\theta}\right)+(p_{2r}-c_r-A)$$

$$\left(\frac{p_{2n}-p_{2r}-\delta t_{2n}+\delta t_{2r}}{1-\theta}-\frac{p_{2r}-\delta t_{2r}}{\theta}\right)-\frac{\varphi_n t_n^2}{2}-\frac{\varphi_r t_r^2}{2}+$$

$$\lambda_3\left(\rho q_{1n}^*-\frac{p_{2n}-p_{2r}-\delta t_{2n}+\delta t_{2r}}{1-\theta}+\frac{p_{2r}-\delta t_{2r}}{\theta}\right) \quad (3-17)$$

其 K-T 条件如下：

$$\frac{\partial L(\prod_{2M}^{DNR})}{\partial p_{2n}}=1-\frac{\lambda}{1-\theta}-\frac{-c_n+p_{2n}}{1-\theta}+\frac{-A-c_r+p_{2r}}{1-\theta}-\frac{p_{2n}-p_{2r}-\delta t_{2n}+\delta t_{2r}}{1-\theta}=0 \quad (3-18)$$

$$\frac{\partial L(\prod_{2M}^{DNR})}{\partial p_{2r}}=\frac{\lambda}{1-\theta}+\frac{\lambda}{\theta}+\frac{-c_n+p_{2n}}{1-\theta}+\left(-\frac{1}{1-\theta}-\frac{1}{\theta}\right)(-A-c_r+p_{2r})-\frac{p_{2r}-\delta t_{2r}}{\theta}+$$

$$\frac{p_{2n}-p_{2r}-\delta t_{2n}+\delta t_{2r}}{1-\theta}=0 \quad (3-19)$$

$$\frac{\partial L(\prod_{2M}^{DNR})}{\partial t_{2n}}=\frac{\delta\lambda}{1-\theta}+\frac{\delta(-c_n+p_{2n})}{1-\theta}-\frac{\delta(-A-c_r+p_{2r})}{1-\theta}-t_{2n}\varphi_n=0 \quad (3-20)$$

$$\frac{\partial L(\prod_{2M}^{DNR})}{\partial t_{2r}}=-\frac{\delta\lambda}{1-\theta}-\frac{\delta\lambda}{\theta}-\frac{\delta(-c_n+p_{2n})}{1-\theta}+\left(\frac{\delta}{1-\theta}+\frac{\delta}{\theta}\right)(-A-c_r+p_{2r})-t_{2r}\varphi_r=0$$

$$(3-21)$$

$$\lambda_3\left(\rho q_{1n}^*-\frac{p_{2n}-p_{2r}-\delta t_{2n}+\delta t_{2r}}{1-\theta}+\frac{p_{2r}-\delta t_{2r}}{\theta}\right)=0,\ \lambda_3\geqslant 0 \quad (3-22)$$

由 K-T 条件求解可得：

（1）当 $\lambda_3=0$ 时，

$$p_{2n}^{DNR*}=\frac{\delta^4 c_n-\delta^2\varphi_n(1+c_n)+\theta\varphi_r[\delta^2(A-\theta-2c_n+c_r)-2\varphi_n(\theta-1)(1+c_n)]}{\delta^4-2\delta^2\varphi_n-2\theta\varphi_r[\delta^2+2\varphi_n(\theta-1)]}=p_n^{SNR*}$$

$$p_{2r}^{DNR*}=\frac{\delta^4(A+c_r)-\delta^2\varphi_n(2A+\theta-\theta c_n+2c_r)-\theta\varphi_r(A+\theta+c_r)[\delta^2+2\varphi_n(\theta-1)]}{\delta^4-2\delta^2\varphi_n-2\theta\varphi_r[\delta^2+2\varphi_n(\theta-1)]}=p_r^{SNR*}$$

$$t_{2n}^{DNR*}=\frac{\delta^3(c_n-1)+2\delta\theta\varphi_r(1+A-\theta-c_n+c_r)}{\delta^4-2\delta^2\varphi_n-2\theta\varphi_r[\delta^2+2\varphi_n(\theta-1)]}=t_n^{SNR*}$$

$$t_{2r}^{DNR*}=\frac{\delta^3(A-\theta+c_r)-2\delta\varphi_n(A-\theta c_n+c_r)}{\delta^4-2\delta^2\varphi_n-2\theta\varphi_r[\delta^2+2\varphi_n(\theta-1)]}=t_r^{SNR*}$$

（2）当 $\lambda_3 > 0$ 时，

$$\lambda_3 = \frac{\delta^2 \rho q_{1n}^*(\delta^2 - 2\varphi_n) - \varphi_r \delta^2 (A - \theta + c_r + 2\theta \rho q_{1n}^*) - 2\varphi_r \varphi_n \{A + c_r - \theta [c_n + 2\rho q_{1n}^*(\theta - 1)]\}}{\varphi_r(\delta^2 - 2\varphi_n)}$$

$$p_{2n}^{DNR^*} = \frac{\delta^2(c_n + \theta \rho q_{1n}^*) - \varphi_n(1 + c_n)}{\delta^2 - 2\varphi_n}$$

$$p_{2r}^{DNR^*} = \frac{\delta^2 \theta(1 - \rho q_{1n}^*) - \theta \varphi_n [1 + c_n + 2\rho q_{1n}^*(-1 + \theta)]}{\delta^2 - 2\varphi_n} + \frac{\delta^2 \rho q_{1n}^*}{\varphi_r}$$

$$t_{2n}^{SNR^*} = \frac{\delta(c_n - 1 + 2\theta \rho q_{1n}^*)}{\delta^2 - 2\varphi_n}$$

$$t_{2r}^{SNR^*} = \frac{\delta \rho q_{1n}^*}{\varphi_r}$$

因 $\lambda_3 > 0$，$\delta^2 - 2\varphi_n = \delta t_{2n}^{SNR^*}(c_n - 1 + 2\theta \rho q_{1n}^*) = 2t_{2n}^{SNR^*} q_{1n}^*(\theta \rho - 1)$ 需小于零才有

意义，可得 $\rho q_{1n}^* < \dfrac{\varphi_r [\delta^2(A - \theta + c_r) + 2\varphi_n(\theta c_n - A - c_r)]}{\delta^4 - 2\delta^2 \varphi_n - 2\theta \varphi_r [\delta^2 + 2\varphi_n(\theta - 1)]}$，原命题得证。

由于 $\rho q_{1n}^* \geqslant \dfrac{\varphi_r [\delta^2(A - \theta + c_r) + 2\varphi_n(\theta c_n - A - c_r)]}{\delta^4 - 2\delta^2 \varphi_n - 2\theta \varphi_r [\delta^2 + 2\varphi_n(\theta - 1)]}$ $(\lambda = 0)$ 对应的是无回收限

制的情况，在上节中已经有过讨论，因此，下面关于两周期模型的决策结

果只讨论 $\rho q_{1n}^* < \dfrac{\varphi_r [\delta^2(A - \theta + c_r) + 2\varphi_n(\theta c_n - A - c_r)]}{\delta^4 - 2\delta^2 \varphi_n - 2\theta \varphi_r [\delta^2 + 2\varphi_n(\theta - 1)]}$ $(\lambda > 0)$ 的情形。

由结论 3-6 可知：

$$q_{2n}^{DNR^*} = \frac{\varphi_n(c_n - 1 + 2\theta \rho q_{1n}^*)}{\delta^2 - 2\varphi_n}$$

$$q_{2r}^{DNR^*} = \rho q_{1n}^*$$

$$\prod_{2M}^{DNR^*} = \frac{2\varphi_r \rho q_{1n}^* \{\delta^2(A - \theta + c_r + \theta \rho q_{1n}^*) - 2[A + c_r - \theta \varphi_n(c_n - \rho q_{1n}^* + \theta \rho q_{1n}^*)]\} + \delta^2 \rho^2 q_{1n}^{*2}(\delta^2 - 2\varphi_n) - \varphi_n \varphi_r(c_n - 1)^2}{2\varphi_r(\delta^2 - 2\varphi_n)}$$

结论 3-7：在有回收限制下，生产商自愿对新产品、再制造产品均提供担

保服务的决策边界条件为 $\max\left\{0, \left[\dfrac{2\rho q_{1n}^{*}\varphi_n + A\varphi_r - \theta\varphi_r + c_r\varphi_r + 2\theta\rho q_{1n}^{*}\varphi_r}{2\rho q_{1n}^{*}} - \dfrac{1}{2}\Lambda\right]^{\frac{1}{2}}\right\} <$

$\delta < \min\left\{\sqrt{2\varphi_n}, \left[\dfrac{2\rho q_{1n}^{*}\varphi_n + A\varphi_r - \theta\varphi_r + c_r\varphi_r + 2\theta\rho q_{1n}^{*}\varphi_r}{2\rho q_{1n}^{*}} + \dfrac{1}{2}\Lambda\right]^{\frac{1}{2}}\right\}$

$$\left(\Lambda = \sqrt{\dfrac{1}{\begin{aligned}&(\rho^2 q_{1n}^{*2})(4\rho^2 q_{1n}^{*2}\varphi_n^2 - 4A\rho q_{1n}^{*}\varphi_n\varphi_r - 4\theta\rho q_{1n}^{*}\varphi_n\varphi_r + 8\theta\rho c_n q_{1n}^{*}\varphi_n\varphi_r - 4\rho c_r q_{1n}^{*}\varphi_n\varphi_r\\&- 8\theta\rho^2 q_{1n}^{*2}\varphi_n\varphi_r + 16\theta^2\rho^2 q_{1n}^{*2}\varphi_n\varphi_r + A^2\varphi_r^2 - 2A\theta\varphi_r^2 + \theta^2\varphi_r^2 + 2Ac_r\varphi_r^2 - 2\theta c_r\varphi_r^2\\&+ c_r^2\varphi_r^2 + 4A\theta\rho q_{1n}^{*}\varphi_r^2 - 4\theta^2\rho q_{1n}^{*}\varphi_r^2 + 4\theta\rho c_r q_{1n}^{*}\varphi_r^2 + 4\theta^2\rho^2 q_{1n}^{*2}\varphi_r^2)\end{aligned}}}\right)。$$

证明：过程同结论 3-5。

由结论 3-7 可知：考虑 EOL 产品回收限制条件下，生产商是否对新产品、再制造产品均提供担保服务取决于 δ 与 $\sqrt{2\varphi_n}$、

$\left[\dfrac{2\rho q_{1n}^{*}\varphi_n + A\varphi_r - \theta\varphi_r + c_r\varphi_r + 2\theta\rho q_{1n}^{*}\varphi_r}{2\rho q_{1n}^{*}} - \dfrac{1}{2}\Lambda\right]^{\frac{1}{2}}$、$\left[\dfrac{2\rho q_{1n}^{*}\varphi_n + A\varphi_r - \theta\varphi_r + c_r\varphi_r + 2\theta\rho q_{1n}^{*}\varphi_r}{2\rho q_{1n}^{*}} + \dfrac{1}{2}\Lambda\right]^{\frac{1}{2}}$ 的

对比关系。因 c_r、A、δ、θ、φ_n、φ_r、ρ、q_{1n}^{*} 受再制造闭环供应链的具体环境条件制约，较为固定，所以只有当 $\max\left\{0, \left[\dfrac{2\rho q_{1n}^{*}\varphi_n + A\varphi_r - \theta\varphi_r + c_r\varphi_r + 2\theta\rho q_{1n}^{*}\varphi_r}{2\rho q_{1n}^{*}} - \dfrac{1}{2}\Lambda\right]^{\frac{1}{2}}\right\} <$

$\delta < \min\left\{\sqrt{2\varphi_n}, \left[\dfrac{2\rho q_{1n}^{*}\varphi_n + A\varphi_r - \theta\varphi_r + c_r\varphi_r + 2\theta\rho q_{1n}^{*}\varphi_r}{2\rho q_{1n}^{*}} + \dfrac{1}{2}\Lambda\right]^{\frac{1}{2}}\right\}$

$$\left(\Lambda = \sqrt{\dfrac{1}{\begin{aligned}&(\rho^2 q_{1n}^{*2})(4\rho^2 q_{1n}^{*2}\varphi_n^2 - 4A\rho q_{1n}^{*}\varphi_n\varphi_r - 4\theta\rho q_{1n}^{*}\varphi_n\varphi_r + 8\theta\rho c_n q_{1n}^{*}\varphi_n\varphi_r - 4\rho c_r q_{1n}^{*}\varphi_n\varphi_r\\&- 8\theta\rho^2 q_{1n}^{*2}\varphi_n\varphi_r + 16\theta^2\rho^2 q_{1n}^{*2}\varphi_n\varphi_r + A^2\varphi_r^2 - 2A\theta\varphi_r^2 + \theta^2\varphi_r^2 + 2Ac_r\varphi_r^2 - 2\theta c_r\varphi_r^2\\&+ c_r^2\varphi_r^2 + 4A\theta\rho q_{1n}^{*}\varphi_r^2 - 4\theta^2\rho q_{1n}^{*}\varphi_r^2 + 4\theta\rho c_r q_{1n}^{*}\varphi_r^2 + 4\theta^2\rho^2 q_{1n}^{*2}\varphi_r^2)\end{aligned}}}\right)$$ 时，生

产商对新产品、再制造产品均提供担保才能比不提供担保获得更多收益，也才愿意自发地为新产品、再制造产品提供担保服务。

四、数值仿真分析

由上述模型的分析可得，生产商提供担保服务的决策边界条件。下面将通过具体的数值算例进行分析，进一步说明并验证上述结论。

假设某再制造闭环供应链的相关参数为 $\theta = 0.4$，$c_n = 0.8$，$c_r = 0.2$，$A = 0.1$，$\varphi_n = 0.9$，$\varphi_r = 1$，$\rho = 0.8$，依据上文研究结论，仿真分析结果如下：

（一）不考虑回收限制单周期模型数值分析

1. 生产商仅对再制造产品提供担保

由结论 3-1 可知，在不考虑回收限制的单周期模型中，生产商对再制造产品提供担保的边界条件为 $\delta < \sqrt{2\theta\varphi_r(1-\theta)} = 0.69$。这说明在生产商对再制造产品提供担保的条件下，仅当 $\delta \in [0, 0.69)$ 时，生产商的收益才会比不提供担保时高，将自发对再制造产品提供担保。

下面分析当 δ 在区间 $[0, 0.69)$ 内变化时，新产品与再制造产品最优产量、担保期限以及生产商收益的变化，如图 3-3 至图 3-6 所示。

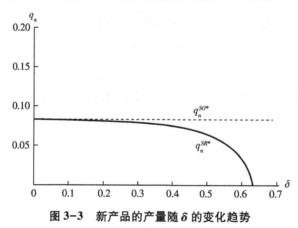

图 3-3　新产品的产量随 δ 的变化趋势

　　由图3-3、图3-4可发现，生产商不对再制造产品提供担保时，新产品、再制造产品的产量均与δ无关。选择提供担保时，随着δ的增大，新产品产量逐渐降低，再制造产品的产量逐渐升高。这表明随着担保期限对产品需求量影响系数δ的增大，将有更多的顾客会选择购买附带担保服务的再制造产品，在市场容量不变的情况下，生产商将增加再制造产品的产量，并降低新产品的产量。

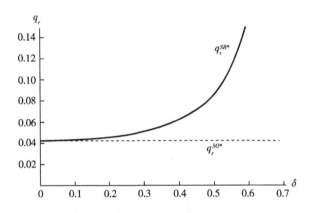

图3-4　再制造产品的产量随δ的变化趋势

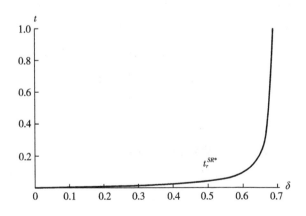

图3-5　再制造产品担保期限随δ的变化趋势

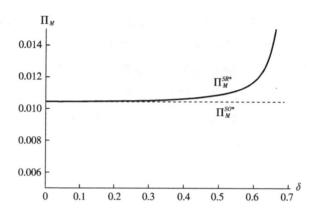

图 3-6　生产商收益随 δ 的变化趋势

图 3-5 显示生产商对再制造产品提供担保时，最优担保期限将随着 δ 值的增加而变大，说明随着担保期限对产品需求量影响系数 δ 的增大，生产商将愈加重视产品担保对消费者购买意愿的促进作用，也将扩大对再制造产品担保服务的期限范围。

从图 3-6 可以看出，生产商不对再制造产品提供担保服务时，其收益与 δ 无关；而选择提供担保时，生产商收益将随着 δ 的增大而逐渐升高，并且始终不低于不提供担保时的水平。这说明当 $\delta < \sqrt{2\theta\varphi_r(1-\theta)}$ 时（本例中为 $\delta \in [0, 0.69)$），生产商选择对再制造产品担保能获得更高收益，因此会自发提供担保服务，进一步证明了结论 3-1 的正确性。

2. 生产商对新产品、再制造产品均提供担保

同样，由结论 3-4 可得，在不考虑回收限制的单周期模型中，生产商对新产品、再制造产品均提供担保的边界条件为 $\delta < 0.62$。这说明在生产商对新产品、再制造产品均提供担保的条件下，当 $\delta \in [0, 0.62)$ 时，生产商的收益才会比不提供担保时高，从而自发地为再制造产品提供担保。

接下来分析当 δ 在区间 $\delta \in [0, 0.62)$ 内变化时，新产品与再制造产品的产量、担保期限以及生产商收益的变化，如图 3-7 至图 3-10 所示。

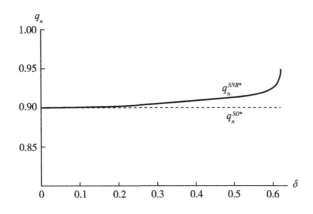

图 3-7　新产品产量随 δ 的变化趋势

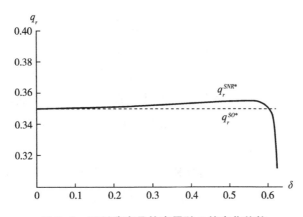

图 3-8　再制造产品的产量随 δ 的变化趋势

　　由图 3-7、图 3-8 可知，生产商对新产品、再制造产品均提供担保时，随着 δ 的增大，新产品的产量逐渐增大，再制造产品的产量却呈现先升高后降低的趋势。这表明生产商对新产品、再制造产品均提供担保服务时，消费者对新产品的需求会随担保期限对产品需求量影响系数 δ 的增加而变大，因此其产量也随之升高。再制造产品的产量虽然也会随 δ 值的增加而暂时升高，但由于市场容量恒定以及消费者对新产品有更高的接受程度等原因，当新产品与再制造产品的总产量达到市场容量上限时，会有部分购买再制造产品的原消费者转而选择购买新产品，故再制造产品的产量又会出现下降趋势。

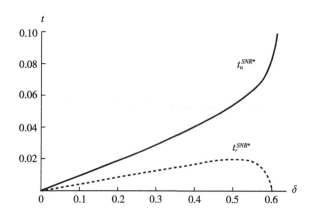

图 3-9　新产品、再制造产品担保期限随 δ 的变化趋势

图 3-9 显示，生产商对新产品、再制造产品均提供担保时，新产品最优担保期限将随着 δ 值的增加而变大，再制造产品的最优担保期限却先增大后减小。这说明随着担保期限对产品需求量影响系数 δ 的增大，生产商将愈加重视新产品担保对消费者购买意愿的促进作用，也将增大新产品担保服务的期限范围。再制造产品最优担保期限的变化趋势与其产量变化类似，虽然随 δ 值的增大而暂时扩大，但因市场饱和后新产品会挤占再制造产品的部分销售空间，造成其获利水平下降，生产商从收益最大角度出发将减少再制造产品的担保成本支出，致使其最优担保期限缩短。

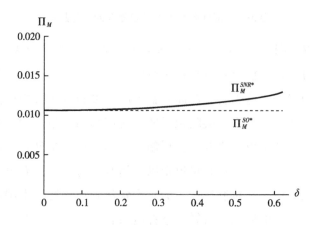

图 3-10　生产商收益随 δ 的变化趋势

从图 3-10 可以看出，生产商对新产品、再制造产品均提供担保时，其收益随 δ 值增大而逐渐升高，并且始终不低于不提供担保时的水平。这表明当 $\delta < \min\left\{\sqrt{\dfrac{2\left[\varphi_n(A-\theta c_n+c_r)^2+\theta^2\varphi_r(1+A-\theta-c_n+c_r)^2\right]}{A^2+(1-\theta)\theta+\theta c_n^2+c_r(2A+c_r)-2\theta c_n(1-\theta+A+c_r)}}\right.,$

$\left.\sqrt{\varphi_n+\theta\varphi_r-(\varphi_n^2-2\theta\varphi_n\varphi_r+4\theta^2\varphi_n\varphi_r+\theta^2\varphi_r^2)^{\frac{1}{2}}}\right\}$ 或 $\sqrt{\varphi_n+\theta\varphi_r+(\varphi_n^2-2\theta\varphi_n\varphi_r+4\theta^2\varphi_n\varphi_r+\theta^2\varphi_r^2)^{\frac{1}{2}}}<$

$\delta<\sqrt{\dfrac{2\left[\varphi_n(A-\theta c_n+c_r)^2+\theta^2\varphi_r(1+A-\theta-c_n+c_r)^2\right]}{A^2+(1-\theta)\theta+\theta c_n^2+c_r(2A+c_r)-2\theta c_n(1-\theta+A+c_r)}}$ 时（本例中为 $\delta\in[0,$

0.62)），生产商选择对新产品、再制造产品均提供担保能获得更高收益，因此会自发提供担保服务，由此证明了结论 3-2 的正确性。

（二）考虑回收限制两周期模型数值分析

1. 生产商仅对再制造产品提供担保

由结论 3-5 可知，在考虑回收限制的两周期模型中，生产商对再制造产品提供担保的边界条件为 δ>0.48，由此可在 δ>0.48 范围内分析新产品与再制造产品产量、担保期限以及生产商收益的变化趋势，如图 3-11 至图 3-14 所示。

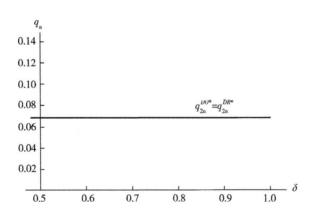

图 3-11　新产品的产量随 δ 的变化趋势

由图 3-11、图 3-12 可知，新产品产量在生产商不提供担保与仅对再制造产品提供担保两种条件下相同且与 δ 无关，再制造产品产量在这两种情况下均等于前一周期 EOL 产品的最大回收量且也与 δ 无关。这说明因回收限制约束了再制造产品的生产，生产商以收益最大为目标进行决策时，无论是否选择对再制造产品提供担保，其最优产量均需与前一周期 EOL 产品的回收量保持一致，由此可知市场并未饱和，新产品的市场需求不会产生变化，也不会随 δ 值的增加而改变。

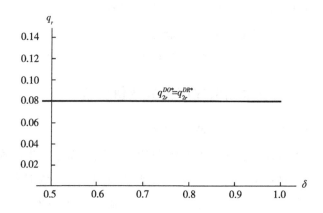

图 3-12　再制造产品的产量随 δ 的变化趋势

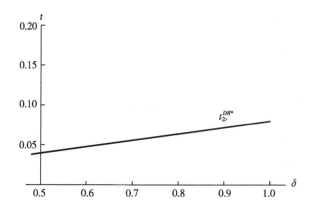

图 3-13　新产品、再制造产品担保期限随 δ 的变化趋势

从图3-13可以看出，在生产商仅对再制造产品提供担保时，再制造产品的最优期限随δ值的增大而变长。这说明随着担保期限对产品需求量影响系数δ的增大，生产商为获取更高收益也将延长再制造产品的担保服务期限。

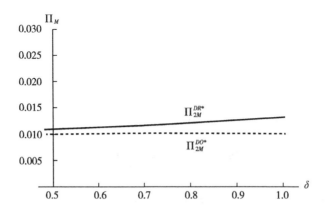

图3-14　生产商收益随δ的变化趋势

从图3-14可以看出，生产商不对再制造产品提供担保服务时，其收益与δ无关；选择提供担保时，生产商收益将随着δ的增大而逐渐升高，并且始终不低于不提供担保时的水平。这说明当δ>0.48时，生产商选择对再制造产品担保能获得更高收益，因此会自发提供担保服务，验证了结论3-5的正确性。

2. 生产商对新产品、再制造产品均提供担保

由结论3-7可知，在考虑回收限制的双周期模型中，生产商对新产品、再制造产品均提供担保的边界条件为δ∈（0.69，0.94），由此可在δ∈（0.69，0.94）范围内分析新产品与再制造产品产量、担保期限以及生产商收益的变化趋势，如图3-15至图3-18所示。

由图3-15可知，在生产商对新产品、再制造产品均担保时，新产品的产量随δ值增加而升高，并且不低于不提供担保时的水平。这说明新产品的担保服务能有效提高其市场销量，并且担保期限对产品需求量影响系

数 δ 越大，其产量增长幅度越大。

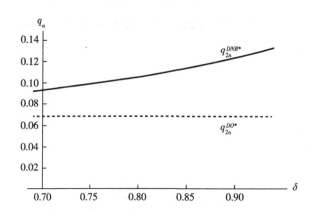

图 3-15　新产品的产量随 δ 的变化趋势

图 3-16 显示，生产商对新产品、再制造产品是否提供担保两种条件下，再制造产品的产量均等于前一周期 EOL 产品的最大回收量且不随 δ 值增加而改变。这说明回收限制约束了再制造产品的生产，生产商以收益最大为目标进行决策时，无论选择何种担保策略，再制造产品的最优产量均需与前一周期 EOL 产品的最大回收量保持一致。

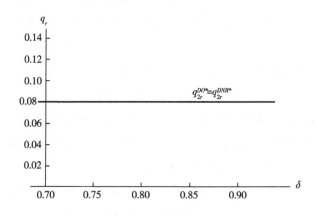

图 3-16　再制造产品的产量随 δ 的变化趋势

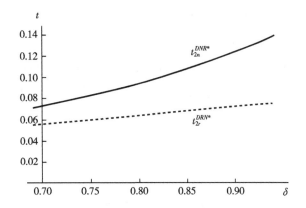

图 3-17 新产品、再制造产品担保期限随 δ 的变化趋势

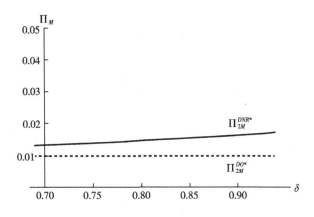

图 3-18 生产商收益随 δ 的变化趋势

从图 3-17 可以看出，在生产商对新产品、再制造产品均提供担保时，新产品、再制造产品的最优担保期限均随 δ 值的增加而变大，并且新产品担保期限始终大于再制造产品。这说明随着担保期限对产品需求量影响系数的增大，生产商为获得高收益也将延长各类产品的担保期限，但由于再制造产品的产量受到约束，其获利水平被限制在一定范围内，由此生产商将更加重视提高对新产品的担保服务质量，其担保期限也较再制造产品更长。

从图 3-18 可以看出，生产商对新产品、再制造产品均提供担保时，其收益随 δ 值增大而逐渐升高，并且始终不低于不提供担保时的水平。这表明当 $\delta \in (0.69, 0.94)$ 时，生产商选择对新产品、再制造产品均提供担保能获得更高收益，因此会自发选择对两类产品提供担保服务，由此验证了结论 3-7 的正确性。

五、本章小结

本章将产品担保因素引入再制造闭环供应链的研究中，在再制造产品生产不受回收限制与受回收限制两种条件下，通过分析生产商提供担保服务前后收益的差异，对再制造闭环供应链内产品担保的决策边界条件进行探讨。

通过构建由单一生产商与单一分销商组成的再制造闭环供应链决策模型，对生产商为再制造产品提供担保服务的决策边界条件进行研究。研究结果发现：生产商是否对再制造产品提供担保服务取决于担保期限对产品需求量的影响系数，只有当 δ 处于特定范围内，提供担保服务才可获得更高的收益，生产商才会自愿地对再制造产品进行担保。

进一步扩展担保服务对象范围，探讨生产商对新产品、再制造产品均提供担保的决策边界条件。研究结果表明：生产商是否对新产品、再制造产品均提供担保同样取决于 δ，当 δ 处于特定范围内时，对新产品、再制造产品均提供担保服务能够比不提供担保服务获得更多收益，生产商才会自发地为新产品、再制造产品提供担保服务。

第四章

再制造产品担保责任主体
优化选择

第三章对再制造闭环供应链中的担保决策边界进行了探讨，结果发现：闭环供应链内各主体是否提供担保服务取决于担保期限的选择，只有当产品的担保期限属于特定范围内时，提供担保才会获得更高的收益。但对于产品担保责任主体应当如何选择，却并没有给出明确的标准依据。因此，本章进一步对再制造闭环供应链中产品担保责任主体及效率进行研究。

一般来说，随着再制造闭环供应链内环境条件的变化，产品担保的成本、最优担保期限以及其对整个系统的影响均会发生改变，因此在选择最优担保责任主体时，需充分考虑到不同再制造闭环供应链环境条件的差异。本章在假定再制造产品已被提供担保服务的条件下，就产品担保主体选择进行研究，在担保期限相同与担保期限不相同两种条件下，探讨生产商、分销商以及再制造闭环供应链分别作为担保责任主体时，再制造闭环供应链系统的整体效率，从而为担保责任主体的选择提供决策依据。

本章的结构安排如图 4-1 所示。

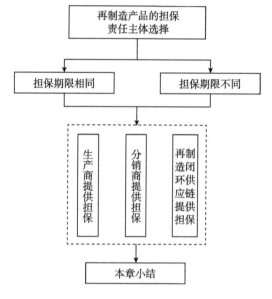

图 4-1　第四章结构安排

一、担保期限相同时再制造产品
担保责任主体优化选择

（一）问题描述

本节对由一个生产商和一个分销商所构成的再制造闭环供应链系统进行分析，分别在生产商、分销商以及再制造闭环供应链提供担保的情况下，构建了担保期限相同条件下的再制造闭环供应链决策模型。由 Savaskan 等（2004）、Bakal 和 Akcacli（2006）等专家的研究成果可知，分销商回收 EOL 产品时，再制造闭环供应链系统的运行效率最高，所以本节研究也采用了该种回收模式。

再制造闭环供应链系统之内各个主体之间的活动顺序是：分销商以价格 A 从消费者处回收 EOL 产品，并用价格 b 出售给生产商；生产商对 EOL 产品进行再制造，并以价格 w 出售给分销商；分销商以价格 p 卖出，消费者购买到再制造产品时也将同时获得期限为 t 的担保服务。提供再制造产品担保的主体可能是生产商、分销商，或者是再制造闭环供应链。由此形成了三种再制造产品担保模型，即生产商担保模型（记为模型 M_1）、分销商担保模型（记为模型 R_1）、再制造闭环供应链担保模型（记为模型 C_1）（见图 4-2）。

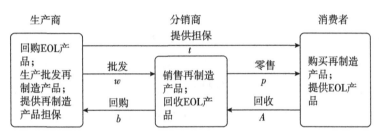

（a）生产商提供担保

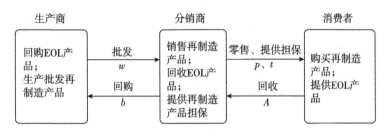

（b）分销商提供担保

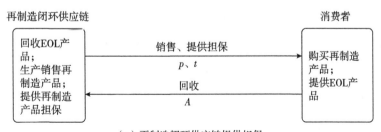

（c）再制造闭环供应链提供担保

图 4-2 再制造产品担保责任主体模型（担保期限相同）

（二）符号说明与模型假设

本节符号上标中的 M、R、C 分别表示产品担保的提供方为生产商、分销商以及再制造闭环供应链，下标中 M 与 R 分别表示生产商与分销商。记 $\prod$ 为各主体的收益，则 $\prod_M$ 与 $\prod_R$ 就分别为生产商、分销商的收益，$\prod_T$ 为再制造闭环供应链系统的收益。

为进一步对模型进行解释说明，本节做如下假设：

假设 4-1：分销商回收的 EOL 产品数量能够满足生产商对再制造产品的生产需要。

假设 4-2：再制造产品的单位生产成本为 $c>0$，分销商从消费者处回收 EOL 产品价格为 A，生产商从分销商处回购 EOL 产品价格为 b。

假设 4-3：再制造产品的担保期限为 t，各主体为单位再制造产品提供担保的成本为 k_{it}^2（$k_i>0$ 是担保期限对单位产品担保成本的影响系数，$i=m$、$i=r$ 分别代表生产商和分销商）。

假设 4-4：市场对再制造产品的需求为 $D=\alpha-\beta p+\delta t$，$\alpha>0$ 是再制造产品价格、担保期限均为 0 时的需求量，$\beta>0$ 为市场需求的价格影响系数，$\delta>0$ 为担保期限对需求量的影响系数。

假设 4-5：再制造产品与新产品功能相同，因此，一个消费者最多只购买一单位新产品或一单位再制造产品。

（三）生产商提供产品担保

生产商为再制造产品提供期限为 t 的担保服务时（模型 M_1），生产商为 Stackelberg 博弈的领导者，首先对再制造产品的批发价格 w 予以确定，而后作为跟随者的分销商，制定出再制造产品的零售价格 p，这时，生产商、分销商的决策问题表示如下：

$$\max_w \prod_M^M = (w-c-b-k_m t^2)(\alpha-\beta p+\delta t) \tag{4-1}$$

$$\max_p \prod_R^M = (p-w+b-A)(\alpha-\beta p+\delta t) \tag{4-2}$$

由式（4-2）的一阶条件可得：

$$p^M = \frac{\alpha + \delta t + \beta(w - b + A)}{2\beta}$$

将 p^M 代入式（4-1），根据其一阶条件有：

$$w^{M*} = \frac{\alpha + \delta t + \beta(2b + c - A + k_m t^2)}{2\beta}$$

$$p^{M*} = \frac{3\alpha + 3\delta t + \beta(A + c + k_m t^2)}{4\beta}$$

$$q^{M*} = D^{M*} = \alpha - \beta p^{M*} + \delta = \frac{\alpha + \delta t - \beta(A + c + k_m t^2)}{4}$$

由此可得模型 M_1 中，生产商、分销商和再制造闭环供应链的最大收益如下：

$$\prod_M^{M*} = \frac{[\alpha + \delta t - \beta(A + c + k_m t^2)]^2}{8\beta}$$

$$\prod_R^{M*} = \frac{[\alpha + \delta t - \beta(A + c + k_m t^2)]^2}{16\beta}$$

$$\prod_T^{M*} = \prod_M^{M*} + \prod_R^{M*} = \frac{3[\alpha + \delta t - \beta(A + c + k_m t^2)]^2}{16\beta}$$

（四）分销商提供产品担保

分销商为再制造产品提供担保服务时（模型 R_1），生产商仍为 Stackelberg 博弈的领导者，以利润最大化为目标确定再制造产品的批发价格 w；作为跟随者的分销商，也同样以最大收益作为目标确定零售价格 p。这时二者的决策问题表示如下：

$$\max_w \prod_M^R = (w - c - b)(\alpha - \beta p + \delta t) \tag{4-3}$$

$$\max_p \prod_R^R = (p - w + b - A - k_r t^2)(\alpha - \beta p + \delta t) \tag{4-4}$$

则由式（4-4）的一阶条件有：

$$p^R = \frac{\alpha + \delta t + \beta(w - b + A + k_r t^2)}{2\beta}$$

将 p^R 代入式（4-3），根据其一阶条件可得：

$$w^{R^*} = \frac{\alpha + \delta t + \beta(2b + c - A - k_r t^2)}{2\beta}$$

$$p^{R^*} = \frac{3\alpha + 3\delta t + \beta(A + c + k_r t^2)}{4\beta}$$

$$q^{R^*} = D^{R^*} = \alpha - \beta p^{R^*} + \delta t = \frac{\alpha + \delta t - \beta(A + c + k_r t^2)}{4}$$

则模型 R_1 中生产商、分销商和再制造闭环供应链的最大利润如下：

$$\prod_M^{R^*} = \frac{[\alpha + \delta t - \beta(A + c + k_r t^2)]^2}{8\beta}$$

$$\prod_R^{R^*} = \frac{[\alpha + \delta t - \beta(A + c + k_r t^2)]^2}{16\beta}$$

$$\prod_T^{R^*} = \prod_M^{R^*} + \prod_R^{R^*} = \frac{3[\alpha + \delta t - \beta(A + c + k_r t^2)]^2}{16\beta}$$

结论 4-1：模型 M_1 中再制造产品的批发价 w^{M^*} 高于模型 R_1 中的批发价 w^{R^*}。

证明：$w^{M^*} - w^{R^*} = \dfrac{\alpha + \delta t + \beta(2b + c - A + k_m t^2)}{2\beta} - \dfrac{\alpha + \delta t + \beta(2b + c - A - k_r t^2)}{2\beta} = \dfrac{\beta t^2(k_m + k_r)}{2\beta} > 0$，所以 $w^{M^*} > w^{R^*}$，原结论得证。

结论 4-2：p^{M^*} 与 p^{R^*}、k_m 与 k_r 的大小关系一致；q^{M^*} 与 q^{R^*}、k_m 与 k_r 的大小关系则相反。

证明：当 $k_m \leqslant k_r$ 时，$p^{M^*} - p^{R^*} = \dfrac{3\alpha + 3\delta t + \beta(A + c + k_m t^2)}{4\beta} -$

$\dfrac{3\alpha + 3\delta t + \beta(A + c + k_r t^2)}{4\beta} = \dfrac{\beta t^2(k_m - k_r)}{4\beta} \leqslant 0$，即 $p^{M^*} \leqslant p^{R^*}$；$q^{M^*} - q^{R^*} =$

$\dfrac{\alpha + \delta t - \beta(A + c + k_m t^2)}{4} - \dfrac{\alpha + \delta t - \beta(A + c + k_r t^2)}{4} = \dfrac{\beta t^2(k_r - k_m)}{4} \geqslant 0$，即 $q^{M^*} \geqslant q^{R^*}$。

当 $k_m > k_r$ 时，同上可得 $p^{M^*} > p^{R^*}$，$q^{M^*} < q^{R^*}$，故原结论得证。

结论4-3：$\Pi_M^{M^*}$ 与 $\Pi_M^{R^*}$、$\Pi_R^{M^*}$ 与 $\Pi_R^{R^*}$、$\Pi_T^{M^*}$ 与 $\Pi_T^{R^*}$ 和 k_m 与 k_r 的大小关系相反。

证明：当 $k_m \leqslant k_r$ 时，$\Pi_M^{M^*} - \Pi_M^{R^*} = \dfrac{[\alpha+\delta t-\beta(A+c+k_m t^2)]^2}{8\beta} -$

$\dfrac{[\alpha+\delta t-\beta(A+c+k_r t^2)]^2}{8\beta} = \dfrac{t^2(k_r-k_m)[2\alpha+2\delta t-\beta(2A+2c+k_r t^2+k_m t^2)]^2}{8} \geqslant 0$ 即

$\Pi_M^{M^*} \geqslant \Pi_M^{R^*}$，同理可得 $\Pi_R^{M^*} \geqslant \Pi_R^{R^*}$，$\Pi_T^{M^*} \geqslant \Pi_T^{R^*}$。

当 $k_m > k_r$ 时，同上可得 $\Pi_M^{M^*} < \Pi_M^{R^*}$，$\Pi_R^{M^*} < \Pi_R^{R^*}$，$\Pi_T^{M^*} < \Pi_T^{R^*}$，故原结论得证。

由结论4-2、结论4-3可知，当再制造产品的担保责任主体为生产商或者分销商时，若 $k_m \leqslant k_r$，应该选择生产商提供担保服务，这样将可以同时获得最低的再制造产品价格和最高的产量，生产商、分销商以及再制造闭环供应链系统的利润也实现最大；若 $k_m > k_r$，则应该选择分销商提供产品担保服务，这样便可获得最高的担保效率，即再制造产品的价格最低、产量最大，而生产商、分销商、再制造闭环供应链的利润也将达到最大化。

（五）再制造闭环供应链提供产品担保

再制造闭环供应链提供产品担保服务（模型 C_1）时，生产商和分销商作为一个整体，以系统收益最大化作为目标予以决策。根据 Tan 等（2001）的研究成果，这时可以将再制造闭环供应链的单位产品担保成本简化为 k_m，其决策问题是：

$$\max_{p} \prod_T^C = (p - c - A - k_m t^2)(\alpha - \beta p + \delta t) \tag{4-5}$$

则由式（4-5）的一阶条件有：

$$p^{C^*} = \frac{\alpha+\delta t+\beta(A+c+k_m t^2)}{2\beta}$$

$$q^{C^*} = D^{C^*} = \alpha-\beta p^{C^*}+\delta t = \frac{\alpha+\delta t-\beta(A+c+k_m t^2)}{2} = 2q^{M^*}$$

将 p^{C^*}、q^{C^*} 代入式 (4-5)，可得：

$$\prod{}_T^{C^*} = \frac{[\alpha + \delta t - \beta(A + c + k_m t^2)]^2}{4\beta} = \frac{4}{3}\prod{}_T^{M^*}$$

结论 4-4：当 $k_m \leqslant k_r$ 时，$p^{R^*} \geqslant p^{M^*} > p^{C^*}$，$q^{R^*} \leqslant q^{M^*} < q^{C^*}$，$\prod_T^{R^*} \leqslant \prod_T^{M^*} < \prod_T^{C^*}$。

证明：当 $k_m \leqslant k_r$ 时，$p^{C^*} - p^{M^*} = \frac{\alpha + \delta t + \beta(A + c + k_m t^2)}{2\beta} -$

$\frac{3\alpha + 3\delta t + \beta(A + c + k_m t^2)}{2\beta} = -\frac{\alpha + \delta t}{\beta} < 0$，即 $p^{C^*} < p^{M^*}$，根据结论 4-2 可知，当

$k_m \leqslant k_r$ 时，$p^{M^*} \leqslant p^{R^*}$，所以可得 $p^{R^*} \geqslant p^{M^*} > p^{C^*}$。

同上可得：$q^{R^*} \leqslant q^{M^*} < q^{C^*}$，$\prod_T^{R^*} \leqslant \prod_T^{M^*} < \prod_T^{C^*}$，故原结论得证。

结论 4-5：

(1) 当 $k_r < k_m \leqslant \frac{(2 - \sqrt{3})[\alpha + \delta t - \beta(A + c)]}{2\beta t^2} + \frac{\sqrt{3} k_r}{2}$ 时：$p^{M^*} > p^{R^*} > p^{C^*}$、

$q^{M^*} < q^{R^*} < q^{C^*}$、$\prod_T^{M^*} < \prod_T^{R^*} \leqslant \prod_T^{C^*}$。

(2) 当 $\frac{\sqrt{3} k_r}{2} + \frac{(2 - \sqrt{3})[\alpha + \delta t - \beta(A + c)]}{2\beta t^2} < k_m \leqslant \frac{k_r}{2} + \frac{\alpha + \delta t - \beta(A + c)}{2\beta t^2}$ 时：$p^{M^*} >$

$p^{R^*} \geqslant p^{C^*}$、$q^{M^*} < q^{R^*} \leqslant q^{C^*}$、$\prod_T^{M^*} < \prod_T^{C^*} < \prod_T^{R^*}$。

(3) 当 $k_m > \frac{k_r}{2} + \frac{\alpha + \delta t - \beta(A + c)}{2\beta t^2}$ 时：$p^{R^*} < p^{C^*} < p^{M^*}$、$q^{M^*} < q^{C^*} < q^{R^*}$、$\prod_T^{M^*} <$

$\prod_T^{C^*} < \prod_T^{R^*}$。

证明：因 $p^{C^*} - p^{R^*} = \frac{\alpha + \delta t + \beta(A + c + k_m t^2)}{2\beta} - \frac{3\alpha + 3\delta t + \beta(A + c + k_r t^2)}{4\beta} =$

$\frac{-(\alpha + \delta t) + \beta[A + c + t^2(2k_m - k_r)]}{4\beta}$，$q^{C^*} - q^{R^*} = \frac{\alpha + \delta t - \beta(A + c + k_m t^2)}{2} - \frac{\alpha + \delta t - \beta(A + c + k_r t^2)}{4} =$

$\frac{\alpha + \delta t - \beta[A + c + t^2(k_r - 2k_m)]}{4} = -\frac{p^{C^*} - p^{R^*}}{\beta}$，所以当 $\frac{-(\alpha + \delta t) + \beta[A + c + t^2(2k_m - k_r)]}{4\beta} \leqslant$

0，即 $k_m \leqslant \frac{k_r}{2} + \frac{\alpha + \delta t - \beta(A + c)}{2\beta t^2}$ 时，$p^{R^*} \geqslant p^{C^*}$、$q^{R^*} \leqslant q^{C^*}$。

由结论 4-2 可知，当 $k_m > k_r$ 时，$p^{M*} > p^{R*}$、$q^{M*} < q^{R*}$，当 $k_r < k_m \leqslant \dfrac{k_r}{2} +$ $\dfrac{\alpha + \delta t - \beta(A+c)}{2\beta t^2}$ 时，$p^{M*} > p^{R*} \geqslant p^{C*}$、$q^{M*} < q^{R*} \leqslant q^{C*}$。

又因 $\prod_T^{C*} - \prod_T^{R*} = \dfrac{\left[\alpha + \delta t - \beta(A+c+k_m t^2)\right]^2}{4\beta} - \dfrac{3\left[\alpha + \delta t - \beta(A+c+k_r t^2)\right]^2}{16\beta} =$

$\dfrac{q^{C*2} - 3q^{R*2}}{\beta} = \dfrac{(q^{C*} - \sqrt{3}q^{R*})(q^{C*} + \sqrt{3}q^{R*})}{\beta}$，所以当 $q^{C*} - \sqrt{3}q^{R*} \geqslant 0$，即 $k_m \leqslant$

$\dfrac{\sqrt{3}k_r}{2} + \dfrac{(2-\sqrt{3})\left[\alpha + \delta t - \beta(A+c)\right]}{2\beta t^2}$ 时，$\prod_T^{R*} \leqslant \prod_T^{C*}$。

由结论 4-3 可知，当 $k_m > k_r$ 时，$\prod_T^{M*} < \prod_T^{R*}$，故当 $k_r < k_m \leqslant \dfrac{\sqrt{3}k_r}{2} +$ $\dfrac{(2-\sqrt{3})\left[\alpha + \delta t - \beta(A+c)\right]}{2\beta t^2}$ 时，$\prod_T^{M*} < \prod_T^{R*} \leqslant \prod_T^{C*}$。

由比较可知：$\dfrac{k_r}{2} + \dfrac{\alpha + \delta t - \beta(A+c)}{2\beta t^2} > \dfrac{\sqrt{3}k_r}{2} + \dfrac{(2-\sqrt{3})\left[\alpha + \delta t - \beta(A+c)\right]}{2\beta t^2}$，所以当

$k_r < k_m \leqslant \dfrac{\sqrt{3}k_r}{2} + \dfrac{(2-\sqrt{3})\left[\alpha + \delta t - \beta(A+c)\right]}{2\beta t^2}$ 时，$p^{M*} > p^{R*} > p^{C*}$、$q^{M*} < q^{R*} < q^{C*}$、

$\prod_T^{M*} < \prod_T^{R*} \leqslant \prod_T^{C*}$，即(1)得证。同上可证(2)、(3)，故原结论得证。

由结论 4-4 与结论 4-5 可知：当 $k_m \leqslant k_r$ 或 $k_r < k_m \leqslant \dfrac{\sqrt{3}k_r}{2} +$ $\dfrac{(2-\sqrt{3})\left[\alpha + \delta t - \beta(A+c)\right]}{2\beta t^2}$ 时，应该选择再制造闭环供应链作为担保服务的责任主体，这样便可以使再制造产品的价格达到最低，产量与系统利润实现最大；当 $\dfrac{\sqrt{3}k_r}{2} + \dfrac{(2-\sqrt{3})\left[\alpha + \delta t - \beta(A+c)\right]}{2\beta t^2} < k_m \leqslant \dfrac{\alpha + \delta t - \beta(A+c)}{2\beta t^2} + \dfrac{k_r}{2}$ 或 $k_m > \dfrac{k_r}{2} +$ $\dfrac{\alpha + \delta t - \beta(A+c)}{2\beta t^2}$ 时，应该选择分销商作为再制造产品担保服务的责任主体，这

样虽然不一定能够使再制造闭环供应链系统获得最低的产品价格与最高的产量，但却可以使系统的收益达到最大。由此，在对最优担保责任主体进行选择时，需充分考虑到不同再制造闭环供应链环境条件的差异，理性确定适合具体环境条件的最优担保责任主体。

（六）数值仿真分析

假设某再制造产品的相关参数为 $c=2$、$A=1$、$b=2$、$\alpha=20$、$\beta=0.8$、$\delta=0.3$、$t=4$，若取 $k_r=0.5$，$k_m=0.1$，$\cdots$，$k_m=1.0$，则各变量最优解如表 4-1 所示。由表 4-1 可以看出：若 k_r 保持不变，则 w^{M^*}、p^{M^*} 和 p^{c^*} 等均随 k_m 的增加而增大，q^{M^*}、q^{C^*}、$\Pi_M^{M^*}$、$\Pi_R^{M^*}$、$\Pi_T^{M^*}$ 和 $\Pi_T^{C^*}$ 等均随 k_m 的增加而缩小，而 w^{R^*}、p^{R^*}、q^{R^*}、$\Pi_M^{R^*}$、$\Pi_R^{R^*}$ 和 $\Pi_T^{R^*}$ 保持不变。若取 $k_m=0.5$，$k_r=0.1$，$\cdots$，$k_r=1.0$，由表 4-2 可知，各变量最优解的变化趋势：若 k_m 保持不变，则 p^{R^*}、$\Pi_M^{R^*}$、$\Pi_R^{R^*}$ 和 $\Pi_T^{R^*}$ 等均随 k_r 的增加而增大，w^{R^*} 和 q^{R^*} 随 k_r 的增加而减小，而 w^{M^*}、p^{M^*}、p^{c^*}、q^{M^*}、q^{c^*}、$\Pi_M^{M^*}$、$\Pi_R^{M^*}$、$\Pi_T^{M^*}$ 和 $\Pi_T^{C^*}$ 等则保持不变。

下面分析 k_m/k_r 的比值对三类担保模型中各决策变量最优解差值的影响：

图 4-3 说明无论 k_m/k_r 的比值如何变化，w^{M^*} 均比 w^{R^*} 大，并且其差值也随 k_m/k_r 比值的增加而变大，由此验证了结论 4-1 的正确性。

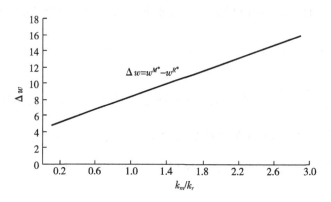

图 4-3　担保期限相同时 Δw 随 k_m/k_r 比值的变化趋势

（$k_r=0.5$，$k_m \in [0.1, 1.5]$）

表 4-1 k_r 保持不变时三类担保模型中各决策变量最优解（担保期限相同）

k_m	k_r	$w_0^{M^*}$	w^{R^*}	p^{M^*}	p^{R^*}	p^{C^*}	q^{M^*}	q^{R^*}	q^{C^*}	$\Pi_M^{M^*}$	$\Pi_R^{M^*}$	$\Pi_T^{M^*}$	$\Pi_M^{R^*}$	$\Pi_R^{R^*}$	$\Pi_T^{R^*}$	$\Pi_T^{C^*}$
0.1	0.5	16.55	11.75	21.03	22.63	15.55	4.38	3.1	8.76	47.96	23.98	71.94	24.03	12.01	36.04	95.92
0.2	0.5	17.35	11.75	21.43	22.63	16.35	4.06	3.1	8.12	41.21	20.60	61.81	24.03	12.01	36.04	82.42
0.3	0.5	18.15	11.75	21.83	22.63	17.15	3.74	3.1	7.48	34.97	17.48	52.45	24.03	12.01	36.04	69.94
0.4	0.5	18.95	11.75	22.23	22.63	17.95	3.42	3.1	6.84	29.24	14.62	43.86	24.03	12.01	36.04	58.48
0.5	0.5	19.75	11.75	22.63	22.63	18.75	3.10	3.1	6.20	24.03	12.01	36.04	24.03	12.01	36.04	48.05
0.6	0.5	20.55	11.75	23.03	22.63	19.55	2.78	3.1	5.56	19.32	9.66	28.98	24.03	12.01	36.04	38.64
0.7	0.5	21.35	11.75	23.43	22.63	20.35	2.46	3.1	4.92	15.13	7.56	22.69	24.03	12.01	36.04	30.26
0.8	0.5	22.15	11.75	23.83	22.63	21.15	2.14	3.1	4.28	11.45	5.72	17.17	24.03	12.01	36.04	22.90
0.9	0.5	22.95	11.75	24.23	22.63	21.95	1.82	3.1	3.64	8.28	4.14	12.42	24.03	12.01	36.04	16.56
1	0.5	23.75	11.75	24.63	22.63	22.75	1.50	3.1	3.00	5.63	2.81	8.44	24.03	12.01	36.04	11.25

表 4-2 k_m 保持不变时三类担保模型中各决策变量最优解（担保期限相同）

k_m	k_r	w_M^{M*}	w_R^{R*}	p^{M*}	p^{R*}	p^{C*}	q^{M*}	q^{R*}	q^{C*}	Π_M^{M*}	Π_R^{M*}	Π_T^{M*}	Π_M^{R*}	Π_R^{R*}	Π_T^{R*}	Π_T^{C*}
0.5	0.1	19.75	14.95	22.63	21.03	18.75	3.10	4.40	6.20	24.03	12.01	36.04	47.96	23.98	71.94	48.05
0.5	0.2	19.75	14.15	22.63	21.43	18.75	3.10	4.10	6.20	24.03	12.01	36.04	41.21	20.60	61.81	48.05
0.5	0.3	19.75	13.35	22.63	21.83	18.75	3.10	3.70	6.20	24.03	12.01	36.04	34.97	17.48	52.45	48.05
0.5	0.4	19.75	12.55	22.63	22.23	18.75	3.10	3.40	6.20	24.03	12.01	36.04	29.24	14.62	43.86	48.05
0.5	0.5	19.75	11.75	22.63	22.63	18.75	3.10	3.10	6.20	24.03	12.01	36.04	24.03	12.01	36.04	48.05
0.5	0.6	19.75	10.95	22.63	23.03	18.75	3.10	2.80	6.20	24.03	12.01	36.04	19.32	9.66	28.98	48.05
0.5	0.7	19.75	10.15	22.63	23.43	18.75	3.10	2.50	6.20	24.03	12.01	36.04	15.13	7.56	22.69	48.05
0.5	0.8	19.75	9.35	22.63	23.83	18.75	3.10	2.10	6.20	24.03	12.01	36.04	11.45	5.72	17.17	48.05
0.5	0.9	19.75	8.55	22.63	24.23	18.75	3.10	1.80	6.20	24.03	12.01	36.04	8.28	4.14	12.42	48.05
0.5	1	19.75	7.75	22.63	24.63	18.75	3.10	1.50	6.20	24.03	12.01	36.04	5.63	2.81	8.44	48.05

由图 4-4 可以发现，p^{M^*} 与 p^{C^*}、p^{R^*} 与 p^{C^*} 的差值均随 k_m/k_r 的增大而变小，甚至小于 0；p^{M^*} 与 p^{R^*} 的差值随 k_m/k_r 的升高而增大，当 $k_m/k_r \leqslant 1$ 即 $k_m \leqslant k_r$ 时，$p^{M^*} \leqslant p^{R^*}$，当 $k_m/k_r > 1$ 即 $k_m > k_r$ 时，$p^{M^*} > p^{R^*}$。

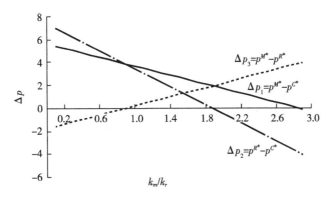

图 4-4 担保期限相同时 Δp_i 随 k_m/k_r 比值的变化趋势

（$i=1,\ 2,\ 3,\ k_r=0.5,\ k_m \in [0.1,\ 1.5]$）

由图 4-5 可以得出，q^{C^*} 与 q^{M^*}、q^{C^*} 与 q^{R^*}、q^{M^*} 与 q^{R^*} 都随 k_m/k_r 比值的升高而减小，并且小于 0；特别是当 $k_m/k_r \leqslant 1$ 即 $k_m \leqslant k_r$ 时，$q^{M^*} \geqslant q^{R^*}$，当 $k_m/k_r > 1$ 即 $k_m > k_r$ 时，$q^{M^*} < q^{R^*}$，由此可验证结论 4-2 的正确性。

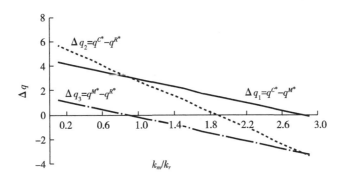

图 4-5 担保期限相同时 Δq_i 随 k_m/k_r 比值的变化趋势

（$i=1,\ 2,\ 3,\ k_r=0.5,\ k_m \in [0.1,\ 1.5]$）

图 4-6 说明 $\Pi_M^{M^*}$ 与 $\Pi_M^{R^*}$、$\Pi_R^{M^*}$ 与 $\Pi_R^{R^*}$ 的差值均随 k_m/k_r 比值的增大而缩小；当 $k_m/k_r > 1$ 即 $k_m > k_r$ 时，$\Pi_M^{M^*} > \Pi_M^{R^*}$ 且 $\Pi_R^{M^*} > \Pi_R^{R^*}$；当 $k_m/k_r = 1$ 即 $k_m = k_r$ 时，$\Pi_M^{M^*} = \Pi_M^{R^*}$ 且 $\Pi_R^{M^*} = \Pi_R^{R^*}$；当 $k_m/k_r < 1$ 即 $k_m < k_r$ 时，$\Pi_M^{M^*} < \Pi_M^{R^*}$ 且 $\Pi_R^{M^*} < \Pi_R^{R^*}$。

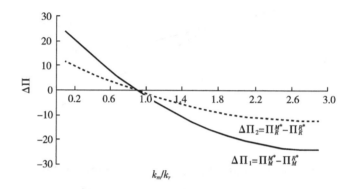

图 4-6 担保期限相同时 $\Delta\Pi_i$ 随 k_m/k_r 比值的变化趋势

（$i=1,\ 2,\ k_r=0.5,\ k_m \in [0.1,\ 1.5]$）

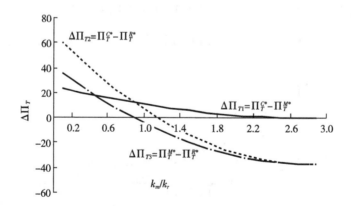

图 4-7 担保期限相同时 $\Delta\Pi_{Ti}$ 随 k_m/k_r 比值的变化趋势

（$i=1,\ 2,\ 3,\ k_r=0.5,\ k_m \in [0.1,\ 1.5]$）

由图 4-7 可以看出，$\Pi_T^{C^*}$ 与 $\Pi_T^{R^*}$、$\Pi_T^{M^*}$ 与 $\Pi_T^{R^*}$ 的差值均随 k_m/k_r 比值的增大而缩小，并分别在 $k_m/k_r \approx 1.26$ 和 $k_m/k_r = 1$ 处为 0；$\Pi_T^{C^*}$ 与 $\Pi_T^{M^*}$ 的差值也随 k_m/k_r 增大而缩小，但逐渐趋向于 0。由此可见，图 4-5 至图 4-7 的分析结果又验证了结论 4-3 至结论 4-5 的正确性。

二、担保期限不同时再制造产品 担保责任主体优化选择

（一）问题描述

上节研究了不同主体对再制造产品提供担保期限相同时，再制造闭环供应链内最优担保责任主体的选择问题。但在实际中，不同主体对再制造产品提供担保的期限可能会存在差异，此时，再制造产品担保责任主体的选择就成为值得进一步探讨的问题。由此，本节将在不同担保责任主体对再制造产品担保期限存在差异的条件下，通过构建博弈分析模型，对再制造闭环供应链内最优担保责任主体的选择进行分析。

本节分析也采用分销商回收 EOL 产品的回收模式，再制造闭环供应链系统之内各个主体之间的活动顺序与上一节基本相同，唯一区别为消费者在购买到再制造产品时也同时会获得期限为 t_i（$i-m$、r、c，分别代表提供担保的责任主体为生产商、分销商，或由其二者构成的再制造闭环供应链）的担保服务。由此便形成了三种产品担保模型，即生产商担保模型（记为模型 M_2）、分销商担保模型（记为模型 R_2）、再制造闭环供应链担保模型（记为模型 C_2），如图 4-8 所示。

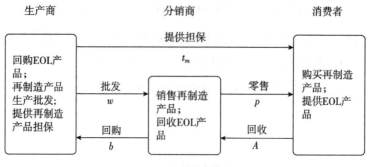

（a）生产商提供担保

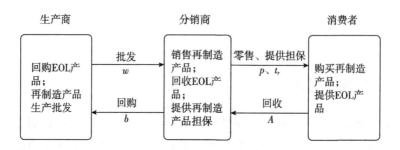

（b）分销商提供担保

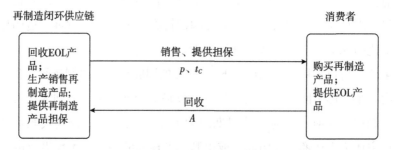

（c）再制造闭环供应链提供担保

图4-8　再制造产品担保责任主体模型（担保期限不同）

（二）符号说明与模型假设

本节符号上标中的 M'、R'、C' 分别表示产品担保的提供方为生产商、分销商以及再制造闭环供应链，下标中 M 与 R 分别表示生产商与分销商。记 $\prod$ 为各主体的收益，则 $\prod_M$ 与 $\prod_R$ 就分别为生产商、分销商的收益，$\prod_T$ 为再制造闭环供应链系统的收益。

假设 4-6：分销商回收的 EOL 产品数量能够满足生产商对再制造产品的生产需要。

假设 4-7：再制造产品的单位生产成本为 $c>0$，分销商从消费者处回收 EOL 产品价格为 A，生产商从分销商处回购 EOL 产品价格为 b。

假设 4-8：再制造产品的担保期限为 t_i，各主体为单位再制造产品提供担保的成本为 $k_i t_i^2$（$k_i>0$ 是担保期限对单位产品担保成本的影响系数，$i=m$、$i=r$、$i=c$ 分别代表生产商、分销商与再制造闭环供应链）。

假设 4-9：市场对再制造产品的需求为 $D=\alpha-\beta p+\delta t_i$，$\alpha>0$ 是再制造产品价格、担保期限均为 0 时的需求量，$\beta>0$ 为市场需求的价格影响系数，$\delta>0$ 为担保期限对需求量的影响系数，$i=m$、$i=r$ 分别代表提供担保的主体为生产商或分销商。

假设 4-10：再制造产品与新产品功能相同，因此，一个消费者最多只购买一单位新产品或一单位再制造产品。

（三）生产商提供产品担保

生产商提供再制造产品担保服务时（模型 M_2），生产商、分销商皆以收益最大化作为决策目标，这时二者便构成了 Stackelberg 博弈关系。其中，生产商作为领导者，而分销商作为跟随者。生产商确定再制造产品的批发价格 w 与担保服务期限 t_m；分销商制定出再制造产品的零售价格 p，由此可知，生产商与分销商的决策问题表示如下：

$$\max_{w,\,t_m} \prod{}_M^{M'} = (w-c-b-k_m t_m^2)(\alpha-\beta p+\delta t_m) \tag{4-6}$$

127

$$\max_{p} \prod{}_{R}^{M'} = (p-w+b-A)(\alpha-\beta p+\delta t_m) \tag{4-7}$$

由式（4-7）的一阶条件可得：

$$p^{M'} = \frac{\alpha+\delta t_m+\beta(w-b+A)}{2\beta}$$

将 $p^{M'}$ 代入式（4-6），根据其一阶条件可得：

$$w^{M'^*} = \frac{\alpha+\delta t_m+\beta(2b+c-A+k_m t_m^2)}{2\beta}$$

$$p^{M'^*} = \frac{3\alpha+3\delta t_m+\beta(A+c+k_m t_m^2)}{4\beta}$$

$$q^{M'^*} = D^{M'^*} = \alpha-\beta p^{M'^*}+\delta t_m = \frac{\alpha+\delta t_m-\beta(A+c+k_m t_m^2)}{4}$$

从而可得模型 M 中生产商、分销商和再制造闭环供应链系统的最优收益如下：

$$\prod{}_{M}^{M'^*} = \frac{[\alpha+\delta t_m-\beta(A+c+k_m t_m^2)]^2}{8\beta}$$

$$\prod{}_{R}^{M'^*} = \frac{[\alpha+\delta t_m-\beta(A+c+k_m t_m^2)]^2}{16\beta}$$

$$\prod{}_{T}^{M'^*} = \prod{}_{M}^{M'^*} + \prod{}_{R}^{M'^*} = \frac{3[\alpha+\delta t_m-\beta(A+c+k_m t_m^2)]^2}{16\beta}$$

结论 4-6：模型 M_2 中生产商对再制造产品提供担保服务期限是：$t_m \in \left[0, \frac{\delta+\sqrt{\delta^2+4\beta k_m(\alpha-\beta A-\beta c)}}{2\beta k_m}\right]$。当 $t_m = t_m^* = \frac{\delta}{2\beta k_m}$ 时，q^{M^*} 达到最大：$q_*^{M'^*} = \frac{\delta^2+4\beta k_m(\alpha-\beta A-\beta c)}{16\beta k_m}$；当 $0 \le t_m < t_m^*$ 时，$q^{M'^*}$ 随 t_m 的增大而变大；当 $t_m^* \le t_m \le \frac{\delta+\sqrt{\delta^2+4\beta k_m(\alpha-\beta A-\beta c)}}{2\beta k_m}$ 时，$q^{M'^*}$ 随 t_m 的增大而变小。

证明：由 $q^{M'^*} = \frac{\alpha+\delta t_m-\beta(A+c+k_m t_m^2)}{4} \ge 0$，可得 $[\delta -$

$\sqrt{\delta^2+4\beta k_m(\alpha-\beta A-\beta c)}\,]/2\beta k_m \le t_m \le [\,\delta+\sqrt{\delta^2+4\beta k_m(\alpha-\beta A-\beta c)}\,]/2\beta k_m$，因 $\alpha-\beta A-\beta c \ge \alpha-\beta b-\beta c \ge \alpha-\beta w \ge \alpha-\beta p \ge 0$，故 $[\,\delta-\sqrt{\delta^2+4\beta k_m(\alpha-\beta A-\beta c)}\,]/2\beta k_m<0$，

又因 $t_m \ge 0$，故有 $t_m \in \left[0, \dfrac{\delta+\sqrt{\delta^2+4\beta k_m(\alpha-\beta A-\beta c)}}{2\beta k_m}\right)$。又因 $\dfrac{\partial q^{M'^*}}{\partial t_m}=\dfrac{\delta-2\beta k_m t_m}{4}$，

$\dfrac{\partial^2 q^{M'^*}}{\partial t_m^2}=-2\beta k_m<0$，所以，当 $\dfrac{\partial q^{M'^*}}{\partial t_m}=0$，即 $t_m=t_m^*=\dfrac{\delta}{2\beta k_m}$ 时，$q^{M'^*}$ 取最大值为

$q_*^{M'^*}=\dfrac{\delta^2+4\beta k_m(\alpha-\beta A-\beta c)}{16\beta k_m}$；又由 t_m 的取值范围可知：当 $0\le t_m<t_m^*$ 时，$q^{M'^*}$ 随

t_m 的增大而变大，当 $t_m^*\le t_m\le\dfrac{\delta+\sqrt{\delta^2+4\beta k_m(\alpha-\beta A-\beta c)}}{2\beta k_m}$ 时，$q^{M'^*}$ 随 t_m 的增大而

变小，故原结论得证。

结论 4-7：当 $t_m=t_m^*=\delta/2\beta k_m$ 时，$\prod_M^{M'^*}$、$\prod_R^{M'^*}$、$\prod_T^{M'^*}$ 均达到最大，分

别为 $\prod_{M^*}^{M'^*}=\dfrac{[\delta^2+4\beta k_m(\alpha-\beta A-\beta c)]^2}{128\beta^3 k_m^2}$、$\prod_{R^*}^{M'^*}=\dfrac{[\delta^2+4\beta k_m(\alpha-\beta A-\beta c)]^2}{256\beta^3 k_m^2}$、$\prod_{T^*}^{M'^*}=$

$\dfrac{3[\delta^2+4\beta k_m(\alpha-\beta A-\beta c)]^2}{256\beta^3 k_m^2}$。当 $0\le t_m<t_m^*$ 时，$\prod_M^{M'^*}$、$\prod_R^{M'^*}$、$\prod_T^{M'^*}$ 均随 t_m 的增

大而变大；当 $t_m^*\le t_m\le\dfrac{\delta+\sqrt{\delta^2+4\beta k_m(\alpha-\beta A-\beta c)}}{2\beta k_m}$ 时，$\prod_M^{M'^*}$、$\prod_R^{M'^*}$、$\prod_T^{M'^*}$ 均随

t_m 的增大而变小。

证明：因 $q^{M'^*}\ge 0$，故有 $\prod_M^{M'^*}=2(q^{M'^*})^2/\beta$，所以，当 $q^{M'^*}$ 取最大值时，

$\prod_M^{M'^*}$ 达到最大，即 $\prod_M^{M'^*}$ 与 $q^{M'^*}$ 的变化趋势保持一致。当 $t_m=t_m^*=\dfrac{\delta}{2\beta k_m}$ 时，

$\prod_M^{M'^*}$ 达到最大：$\prod_{M^*}^{M'^*}=\dfrac{[\delta^2+4\beta k_m(\alpha-\beta A-\beta c)]^2}{128\beta^3 k_m^2}$；

当 $0\le t_m<t_m^*$ 时，$\prod_M^{M'^*}$ 随 t_m 的增大而变大；当 $t_m^*\le t_m\le$

$\dfrac{\delta+\sqrt{\delta^2+4\beta k_m(\alpha-\beta A-\beta c)}}{2\beta k_m}$ 时，$\prod_M^{M'^*}$ 随 t_m 的增大而变小。

同上可证明 $\prod_R^{M'^*}$、$\prod_T^{M'^*}$ 的相关结论,故原结论得证。

(四) 分销商提供产品担保

分销商提供再制造产品担保服务时(模型 R_2),生产商仍为 Stackelberg 领导者,以利润最大化为目标确定再制造产品的批发价格 w,作为跟随者的分销商,也以最大收益为目标确定零售价格 p 与担保期限 t_r。这时二者的决策问题表示如下:

$$\max_{w} \prod_M^{R'} = (w - c - b)(\alpha - \beta p + \delta t_r) \tag{4-8}$$

$$\max_{p、t_r} \prod_R^{R'} = (p - w + b - A - k_r t_r^2)(\alpha - \beta p + \delta t_r) \tag{4-9}$$

则由式(4-9)的一阶条件可得:

$$p^{R'} = \frac{\alpha + \delta t_r + \beta(w - b + A + k_r t_r^2)}{2\beta}$$

将 $p^{R'}$ 代入式(4-8),根据其一阶条件可得:

$$w^{R'^*} = \frac{\alpha + \delta t_r + \beta(2b + c - A - k_r t_r^2)}{2\beta}$$

$$p^{R'^*} = \frac{3\alpha + 3\delta t_r + \beta(A + c + k_r t_r^2)}{4\beta}$$

$$q^{R'^*} = D^{R'^*} = \alpha - \beta p^{R'^*} + \delta t_r = \frac{\alpha + \delta t_r - \beta(A + c + k_r t_r^2)}{4}$$

由此,模型 R_2 中生产商、分销商与再制造闭环供应链系统的最大利润如下:

$$\prod_M^{R'^*} = \frac{[\alpha + \delta t_r - \beta(A + c + k_r t_r^2)]^2}{8\beta}$$

$$\prod_R^{R'^*} = \frac{[\alpha + \delta t_r - \beta(A + c + k_r t_r^2)]^2}{16\beta}$$

$$\prod_T^{R'^*} = \prod_M^{R'^*} + \prod_R^{R'^*} = \frac{3[\alpha + \delta t_r - \beta(A + c + k_r t_r^2)]^2}{16\beta}$$

结论 4-8:模型 R_2 中生产商对再制造产品提供担保期限为 $t_r \in$

$\left[0, \dfrac{\delta+\sqrt{\delta^2+4\beta k_r(\alpha-\beta A-\beta c)}}{2\beta k_r}\right]$。当 $t_r = t_r^* = \dfrac{\delta}{2\beta k_r}$ 时，$q^{R'^*}$ 达到最大：$q_*^{R'^*} =$

$\dfrac{\delta^2+4\beta k_r(\alpha-\beta A-\beta c)}{16\beta k_r}$；当 $0 \leqslant t_r < t_r^*$ 时，$q^{R'^*}$ 随 t_r 的增大而变大；当 $t_r^* \leqslant t_r \leqslant$

$\dfrac{\delta+\sqrt{\delta^2+4\beta k_r(\alpha-\beta A-\beta c)}}{2\beta k_r}$ 时，$q^{R'^*}$ 随 t_r 的增大而变小。

证明：过程同结论 4-6。

结论 4-9：当 $t_r = t_r^* = \dfrac{\delta}{2\beta k_r}$ 时，$\Pi_M^{R'^*}$、$\Pi_R^{R'^*}$、$\Pi_T^{R'^*}$ 均达到最大，分别为

$\Pi_{M*}^{R'^*} = \dfrac{[\delta^2+4\beta k_r(\alpha-\beta A-\beta c)]^2}{128\beta^3 k_r^2}$、$\Pi_{R*}^{R'^*} = \dfrac{[\delta^2+4\beta k_r(\alpha-\beta A-\beta c)]^2}{256\beta^3 k_r^2}$、$\Pi_{T*}^{R'^*} =$

$\dfrac{3[\delta^2+4\beta k_r(\alpha-\beta A-\beta c)]^2}{256\beta^3 k_r^2}$。当 $0 \leqslant t_r < t_r^*$ 时，$\Pi_M^{R'^*}$、$\Pi_R^{R'^*}$、$\Pi_T^{R'^*}$ 均随 t_r 的增大

而变大；当 $t_r^* \leqslant t_r \leqslant \dfrac{\delta+\sqrt{\delta^2+4\beta k_r(\alpha-\beta A-\beta c)}}{2\beta k_r}$ 时，$\Pi_M^{R'^*}$、$\Pi_R^{R'^*}$、$\Pi_T^{R'^*}$ 均随 t_r

的增大而变小。

证明：过程同结论 4-7。

结论 4-10：t_m^* 与 t_r^*、$p_*^{M'^*}$ 与 $p_*^{R'^*}$、$q_*^{M'^*}$ 与 $q_*^{R'^*}$ 和 k_m 与 k_r 的大小关系相反。

证明：当 $k_m \leqslant k_r$ 时，$t_m^* - t_r^* = \dfrac{\delta}{2\beta k_m} - \dfrac{\delta}{2\beta k_r} = \dfrac{\delta(k_r-k_m)}{2\beta k_m k_r} \geqslant 0$，即 $t_m^* \geqslant t_r^*$，

$p_*^{M'^*} - p_*^{R'^*} = \dfrac{3\alpha+3\delta t_m^*+\beta(A+c+k_m t_m^{*2})}{4\beta} - \dfrac{3\alpha+3\delta t_r^*+\beta(A+c+k_r t_r^{*2})}{4\beta} = \dfrac{7\delta^2(k_r-k_m)}{16\beta^2 k_m k_r} \geqslant$

0，即 $p_*^{M'^*} \geqslant p_*^{R'^*}$，$q_*^{M'^*} - q_*^{R'^*} = \dfrac{\alpha+\delta t_m^*-\beta(A+c+k_m t_m^{*2})}{4} - \dfrac{\alpha+\delta t_r^*-\beta(A+c+k_r t_r^{*2})}{4} =$

$\dfrac{7\delta^2(k_r-k_m)}{16\beta^2 k_m k_r} \geqslant 0$，即 $q_*^{M'^*} \geqslant q_*^{R'^*}$。

当 $k_m > k_r$ 时，同上可得 $t_m^* < t_r^*$，$p_*^{M'^*} < p_*^{R'^*}$，$q_*^{M'^*} < q_*^{R'^*}$，故原结论得证。

结论 4-11：$\Pi_M^{M'^*}$ 与 $\Pi_M^{R'^*}$、$\Pi_R^{M'^*}$ 与 $\Pi_R^{R'^*}$、$\Pi_T^{M'^*}$ 与 $\Pi_T^{R'^*}$ 和 k_m 与 k_r 的大小关系相反。

证明：当 $k_m \leq k_r$ 时，$\Pi_{M*}^{M'^*} - \Pi_{M*}^{R'^*} = \dfrac{[\delta^2 + 4\beta k_m(\alpha - \beta A - \beta c)]}{128\beta^3 k_m^2} -$

$\dfrac{[\delta^2 + 4\beta k_r(\alpha - \beta A - \beta c)]^2}{128\beta^3 k_r^2} = \dfrac{\delta^2(k_r - k_m)[2\delta^2 + 4\beta(\alpha - \beta A - \beta c)(k_m + k_r)]}{128\beta^3 k_m^2 k_m^2}$。

因 $\alpha - \beta A - \beta c \geq \alpha - \beta b - \beta c \geq \alpha - \beta w \geq \alpha - \beta p \geq 0$，所以 $\Pi_{M*}^{M'^*} - \Pi_{M*}^{R'^*} \geq 0$，即 $\Pi_{M*}^{M'^*} \geq \Pi_{M*}^{R'^*}$，同理可得 $\Pi_{R*}^{M'^*} \geq \Pi_{R*}^{R'^*}$，$\Pi_{T*}^{M'^*} \geq \Pi_{T*}^{R'^*}$。

当 $k_m > k_r$ 时，同上可得 $\Pi_{M*}^{M'^*} < \Pi_{M*}^{R'^*}$，$\Pi_{R*}^{M'^*} < \Pi_{R*}^{R'^*}$，$\Pi_{T*}^{M'^*} < \Pi_{T*}^{R'^*}$，故原结论得证。

由结论 4-10 与结论 4-11 可知，当生产商、分销商分别为再制造产品提供担保服务时，若 $k_m \leq k_r$，则应该选择生产商作为再制造产品的担保服务责任主体，此时，再制造闭环供应链系统虽然不能得到最低的产品价格，但可以获得最长的担保服务期限、最高的产量。因此，生产商、分销商以及再制造闭环供应链系统实现收益最大，再制造闭环供应链系统也获得了较高的担保效率。若 $k_m > k_r$，则应该选择分销商作为再制造产品的担保服务责任主体，再制造闭环供应链系统也将达到较高的担保效率，原因同上。

（五）再制造闭环供应链提供产品担保

再制造闭环供应链提供产品担保服务时（模型 C_2），生产商、分销商作为一个整体，以系统收益最大化作为目标予以决策。依据 Tan 等（2001）的研究成果，可将系统的单位产品担保成本简化为 k_m，再制造闭环供应链的决策问题表示如下：

$$\max_{p,\,t_c} \prod_T^{C'} = (p - c - A - k_m t_c^2)(\alpha - \beta p + \delta t_c) \tag{4-10}$$

则由式（4-10）的一阶条件可得：

$$p^{C'^*} = \frac{\alpha + \delta t_c + \beta(A + c + k_m t_c^2)}{2\beta}$$

$$q^{C'*} = D^{C'*} = \alpha - \beta p^{C'*} + \delta t_c = \frac{\alpha + \delta t_c - \beta(A + c + k_m t_c^2)}{2}$$

将 $p^{C'*}$、$q^{C'*}$ 代入式（4-10），可得再制造闭环供应链的最大利润如下：

$$\prod_T^{C'*} = \frac{[\alpha + \delta t_c - \beta(A + c + k_m t_c^2)]^2}{4\beta}$$

结论 4-12：模型 C_2 中再制造闭环供应链对再制造产品提供担保服务

期限为 $t_c \in \left[0, \dfrac{\delta + \sqrt{\delta^2 + 4\beta k_m(\alpha - \beta A - \beta c)}}{2\beta k_m}\right]$。当 $t_c = t_c^* = \dfrac{\delta}{2\beta k_m} = t_m^*$ 时，$q^{C'*}$ 达

到最大：$q_*^{C'*} = \dfrac{\delta^2 + 4\beta k_m(\alpha - \beta A - \beta c)}{8\beta k_m} = 2q_*^{M'*}$；当 $0 \leq t_c < t_c^*$ 时，$q^{C'*}$ 随 t_c 的增

大而变大；当 $t_c^* \leq t_c \leq \dfrac{\delta + \sqrt{\delta^2 + 4\beta k_m(\alpha - \beta A - \beta c)}}{2\beta k_m}$ 时，$q^{C'*}$ 随 t_c 的增大而变小。

证明：过程同结论 4-6。

结论 4-13：当 $t_c = t_c^* = \dfrac{\delta}{2\beta k_m} = t_m^*$ 时，$\prod_T^{C'*}$ 达到最大为 $\prod_{T*}^{C'*} =$

$\dfrac{[\delta^2 + 4\beta k_m(\alpha - \beta A - \beta c)]^2}{64\beta^3 k_m^2}$。当 $0 \leq t_m < t_m^*$ 时，$\prod_T^{C'*}$ 随 t_c 的增大而变大；当

$t_c^* \leq t_c \leq \dfrac{\delta + \sqrt{\delta^2 + 4\beta k_m(\alpha - \beta A - \beta c)}}{2\beta k_m}$ 时，$\prod_T^{C'*}$ 随 t_c 的增大而变小。

证明：过程同结论 4-7。

结论 4-14：

（1）当 $k_m \leq k_r \leq \dfrac{7k_m}{6} + \dfrac{2\beta k_m k_r(\alpha - \beta A - \beta c)}{3\delta^2}$ 时：$t_c^* = t_m^* \geq t_r^*$，$p_*^{C'*} \leq p_*^{R'*} \leq$

$p_*^{M'*}$，$q_*^{R'*} \leq q_*^{M'*} \leq q_*^{C'*}$，$\prod_{T*}^{R'*} \leq \prod_{T*}^{M'*} \leq \prod_{T*}^{C'*}$。

（2）当 $k_r > \dfrac{7k_m}{6} + \dfrac{2\beta k_m k_r(\alpha - \beta A - \beta c)}{3\delta^2}$ 时：$t_c^* = t_m^* > t_r^*$，$p_*^{R'*} < p_*^{C'*} \leq p_*^{M'*}$，

$q_*^{R'*} < q_*^{M'*} \leq q_*^{C'*}$，$\prod_{T*}^{R'*} < \prod_{T*}^{M'*} \leq \prod_{T*}^{C'*}$。

证明：因 $t_c^* = t_m^*$，$k_m \leq k_r$，得：$t_c^* = t_m^* \geq t_r^*$，

由 $p_*^{C'^*} - p_*^{R'^*} = \dfrac{\alpha + \delta t_c^* + \beta(A + c + k_m t_c^{*2})}{2\beta} - \dfrac{3\alpha + 3\delta t_r^* + \beta(A + c + k_r t_r^{*2})}{4\beta} =$

$\dfrac{\delta^2(6k_r - k_m)}{16\beta^2 k_m k_r} - \dfrac{\alpha - \beta A - \beta c}{4\beta}$ 可得，当 $k_r \leqslant \dfrac{7k_m}{6} + \dfrac{2\beta k_m k_r(\alpha - \beta A - \beta c)}{3\delta^2}$ 时，$p_*^{C'^*} \leqslant p_*^{R'^*}$。

由结论 4-10 可知，此时 $p_*^{R'^*} \leqslant p_*^{M'^*}$，所以当 $k_r \leqslant \dfrac{7k_m}{6} +$

$\dfrac{2\beta k_m k_r(\alpha - \beta A - \beta c)}{3\delta^2}$ 时，$p_*^{C'^*} \leqslant p_*^{R'^*} \leqslant p_*^{M'^*}$，

又因 $q_*^{C'^*} = 2q_*^{M'^*}$，$\prod_{T*}^{C'^*} = \dfrac{4}{3}\prod_{T*}^{M'^*}$，所以由结论 4-10、结论 4-11 可

知，当 $k_r \leqslant \dfrac{7k_m}{6} + \dfrac{2\beta k_m k_r(\alpha - \beta A - \beta c)}{3\delta^2}$ 时，$q_*^{R'^*} \leqslant q_*^{M'^*} \leqslant q_*^{C'^*}$，$\prod_{T*}^{R'^*} < \prod_{T*}^{M'^*} \leqslant$

$\prod_{T*}^{C'^*}$，即(1)得证。同上可证（2），故原结论得证。

结论 4-15：

（1）当 $k_r < k_m \leqslant \dfrac{2\sqrt{3}k_r}{3} + \dfrac{\sqrt{3}(8 - 4\sqrt{3})\beta k_m k_r(\alpha - \beta A - \beta c)}{3\delta^2}$ 时：$t_c^* = t_m^* < t_r^*$，

$p_*^{C'^*} < p_*^{M'^*} < p_*^{R'^*}$，$q_*^{M'^*} < q_*^{R'^*} < q_*^{C'^*}$，$\prod_{T*}^{M'^*} < \prod_{T*}^{R'^*} \leqslant \prod_{T*}^{C'^*}$。

（2）当 $\dfrac{2\sqrt{3}k_r}{3} + \dfrac{\sqrt{3}(8 - 4\sqrt{3})\beta k_m k_r(\alpha - \beta A - \beta c)}{3\delta^2} < k_m \leqslant 2k_r +$

$\dfrac{4\beta k_m k_r(\alpha - \beta A - \beta c)}{\delta^2}$ 时，$t_c^* = t_m^* < t_r^*$，$p_*^{C'^*} < p_*^{M'^*} < p_*^{R'^*}$，$q_*^{M'^*} < q_*^{R'^*} \leqslant q_*^{C'^*}$，$\prod_{T*}^{M'^*} <$

$\prod_{T*}^{C'^*} < \prod_{T*}^{R'^*}$。

（3）当 $k_m > 2k_r + \dfrac{4\beta k_m k_r(\alpha - \beta A - \beta c)}{\delta^2}$ 时，$t_c^* = t_m^* < t_r^*$，$p_*^{C'^*} < p_*^{M'^*} < p_*^{R'^*}$，

$q_*^{M'^*} < q_*^{C'^*} < q_*^{R'^*}$，$\prod_{T*}^{M'^*} < \prod_{T*}^{C'^*} < \prod_{T*}^{R'^*}$。

证明：过程同结论 4-14。

由结论 4-14 与结论 4-15 可以得知：当 $k_m \leqslant k_r$ 或 $k_r < k_m \leqslant \dfrac{2\sqrt{3}k_r}{3} +$

$\dfrac{\sqrt{3}\,(8-4\sqrt{3}\,)\beta k_m k_r(\,\alpha-\beta A-\beta c\,)}{3\delta^2}$ 时，应该选择再制造闭环供应链提供产品担保

服务，这虽然不一定能够使系统获得最低的产品价格与最长的产品担保服务期限，但可以使再制造产品的产量达到最高，再制造闭环供应链系统收

益实现最大化；当 $k_m>\dfrac{2\sqrt{3}\,k_r}{3}+\dfrac{\sqrt{3}\,(8-4\sqrt{3}\,)\beta k_m k_r(\,\alpha-\beta A-\beta c\,)}{3\delta^2}$ 时，应该选择分

销商作为再制造产品的担保服务主体，这样虽然不一定能够获得最低的产品价格与最高的产量，但可以使再制造产品获得最长的担保服务期限，再制造闭环供应链系统的收益也将达到最大。因此，在确定最优担保责任主体时，需充分考虑到不同再制造闭环供应链环境条件的差异，理性选择适合各种具体环境条件的最优担保责任主体。

（六）数值仿真分析

以上通过对模型的研究，比较了生产商、分销商与再制造闭环供应链分别提供产品担保服务时系统内各方的最优决策。下面对模型内相关参数进行赋值，进一步分析并验证上述相关结论。

首先，假设某再制造产品相关参数为 $c=2$、$A=1$、$b=2$、$\alpha=20$、$\beta=0.8$、$\delta=0.3$，若取 $k_r=0.5$，$k_m=0.1$，$\cdots$，$k_m=1.0$，则各变量的最优解如表 4-3 所示。由表 4-3 可知，当 k_r 保持不变，则 t_m^*、t_c^*、$w_*^{M'*}$、$p_*^{M'*}$、$p_*^{C'*}$、$q_*^{M'*}$、$q_*^{C'*}$、$\Pi_M^{M'*}$、$\Pi_R^{M'*}$、$\Pi_T^{M'*}$、$\Pi_T^{C'*}$ 等均随 k_m 的增加而缩小，而 t_r^*、$w_*^{R'*}$、$p_*^{R'*}$、$q_*^{R'*}$、$\Pi_M^{R'*}$、$\Pi_R^{R'*}$、$\Pi_T^{R'*}$ 等保持不变。若取 $k_m=0.5$，$k_r=0.1$，$\cdots$，$k_r=1.0$，则由表 4-4 可知各变量最优解的变化趋势：当 k_m 保持不变，则 t_r^*、$w_*^{R'*}$、$p_*^{R'*}$、$q_*^{R'*}$、$\Pi_M^{R'*}$、$\Pi_R^{R'*}$、$\Pi_T^{R'*}$ 等均随 k_r 的增加而减小，而 t_m^*、t_c^*、$w_*^{M'*}$、$p_*^{M'*}$、$p_*^{C'*}$、$q_*^{M'*}$、$q_*^{C'*}$、$\Pi_M^{M'*}$、$\Pi_R^{M'*}$、$\Pi_T^{M'*}$、$\Pi_T^{C'*}$ 等则保持不变。

表 4-3 k_r 保持不变时三种担保模型中各决策变量最优解（担保期限不同）

k_m	k_r	t_m^*	t_r^*	t_c^*	w_M^{M*}	w_R^{R*}	P_M^{M*}	P_R^{R*}	P_C^{C*}	q_M^{M*}	q_R^{R*}	q_C^{C*}	Π_M^{M*}	Π_R^{M*}	Π_T^{M*}	Π_M^{R*}	Π_R^{R*}	Π_T^{R*}	Π_T^{C*}
0.1	0.5	1.88	0.38	1.88	15.53	15.04	20.12	19.62	14.53	4.47	4.41	8.94	49.96	24.98	74.94	48.71	24.36	73.07	99.92
0.2	0.5	0.94	0.38	0.94	15.26	15.04	19.81	19.62	14.26	4.44	4.41	8.87	49.18	24.59	73.77	48.71	24.36	73.07	98.35
0.3	0.5	0.63	0.38	0.63	15.18	15.04	19.71	19.62	14.18	4.42	4.41	8.85	48.92	24.46	73.38	48.71	24.36	73.07	97.83
0.4	0.5	0.47	0.38	0.47	15.13	15.04	19.65	19.62	14.13	4.42	4.41	8.84	48.79	24.39	73.18	48.71	24.36	73.07	97.58
0.5	0.5	0.38	0.38	0.38	15.11	15.04	19.62	19.62	14.11	4.41	4.41	8.83	48.71	24.36	73.07	48.71	24.36	73.07	97.42
0.6	0.5	0.31	0.38	0.31	15.09	15.04	19.6	19.62	14.09	4.41	4.41	8.82	48.66	24.33	72.99	48.71	24.36	73.07	97.32
0.7	0.5	0.27	0.38	0.27	15.08	15.04	19.59	19.62	14.08	4.41	4.41	8.82	48.62	24.31	72.93	48.71	24.36	73.07	97.24
0.8	0.5	0.23	0.38	0.23	15.07	15.04	19.58	19.62	14.07	4.41	4.41	8.82	48.59	24.3	72.89	48.71	24.36	73.07	97.19
0.9	0.5	0.21	0.38	0.21	15.06	15.04	19.57	19.62	14.06	4.41	4.41	8.82	48.57	24.29	72.86	48.71	24.36	73.07	97.14
1	0.5	0.19	0.38	0.19	15.05	15.04	19.56	19.62	14.05	4.41	4.41	8.81	48.56	24.28	72.83	48.71	24.36	73.07	97.11

表4-4　k_m 保持不变时三种担保模型中各决策变量最优解（担保期限不同）

k_m	k_r	t_m^*	t_r^*	t_c^*	$w_*^{M^*}$	$w_*^{R^*}$	$p_*^{M^*}$	$p_*^{R^*}$	$p_*^{C^*}$	$q_*^{M^*}$	$q_*^{R^*}$	$q_*^{C^*}$	$\Pi_{M^*}^{M^*}$	$\Pi_{R^*}^{M^*}$	$\Pi_{T^*}^{M^*}$	$\Pi_{M^*}^{R^*}$	$\Pi_{R^*}^{R^*}$	$\Pi_{T^*}^{R^*}$	$\Pi_{T^*}^{C^*}$
0.5	0.1	0.38	1.88	0.38	15.11	15.18	19.62	20.12	14.11	4.41	4.47	8.83	48.71	24.35	73.06	49.96	24.98	74.94	97.42
0.5	0.2	0.38	0.94	0.38	15.11	15.09	19.62	19.81	14.11	4.41	4.44	8.83	48.71	24.35	73.06	49.18	24.59	73.76	97.42
0.5	0.3	0.38	0.63	0.38	15.11	15.06	19.62	19.71	14.11	4.41	4.42	8.83	48.71	24.35	73.06	48.92	24.46	73.38	97.42
0.5	0.4	0.38	0.47	0.38	15.11	15.04	19.62	19.65	14.11	4.41	4.42	8.83	48.71	24.35	73.06	48.79	24.39	73.18	97.42
0.5	0.5	0.38	0.38	0.38	15.11	15.04	19.62	19.62	14.11	4.41	4.41	8.83	48.71	24.35	73.06	48.71	24.35	73.06	97.42
0.5	0.6	0.38	0.31	0.33	15.11	15.03	19.62	19.6	14.11	4.41	4.41	8.83	48.71	24.35	73.06	48.66	24.33	72.99	97.42
0.5	0.7	0.38	0.27	0.33	15.11	15.03	19.62	19.59	14.11	4.41	4.41	8.83	48.71	24.35	73.06	48.62	24.31	72.93	97.42
0.5	0.8	0.38	0.23	0.38	15.11	15.02	19.62	19.58	14.11	4.41	4.41	8.83	48.71	24.35	73.06	48.59	24.3	72.89	97.42
0.5	0.9	0.38	0.21	0.38	15.11	15.02	19.62	19.57	14.11	4.41	4.41	8.83	48.71	24.35	73.06	48.57	24.29	72.86	97.42
0.5	1	0.38	0.19	0.38	15.11	15.02	19.62	19.56	14.11	4.41	4.41	8.83	48.71	24.35	73.06	48.55	24.28	72.83	97.42

其次，分析产品担保 t_m^*、t_r^*、t_c^* 对各种决策模式的影响。图 4-9 显示生产商提供产品担保时，$q_*^{M'^*}$、$\Pi_M^{M'^*}$、$\Pi_R^{M'^*}$、$\Pi_T^{M'^*}$ 均随 t_m^* 的延长而先增大后减小，即皆在 $t_m = t_m^* = \dfrac{\delta}{2\beta k_m}$ 处达到最大，验证了结论 4-6 和结论 4-7 的正确性。

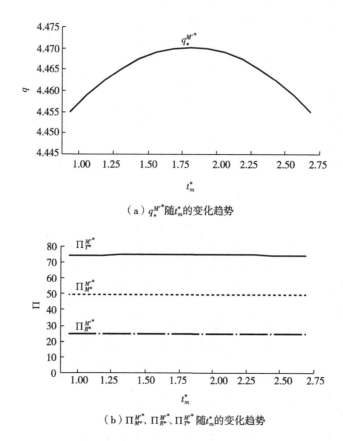

（a）$q_*^{M'^*}$ 随 t_m^* 的变化趋势

（b）$\Pi_M^{M'^*}$、$\Pi_R^{M'^*}$、$\Pi_T^{M'^*}$ 随 t_m^* 的变化趋势

图 4-9 生产商提供产品担保模式下 t_m^* 对各变量的影响（$k_m = 0.1$）

由图 4-10 可以看出，$q_*^{R'^*}$、$\Pi_M^{R'^*}$、$\Pi_R^{R'^*}$、$\Pi_T^{R'^*}$ 均随 t_r^* 的变大而呈现先增大后减小的趋势，即均在 $t_r = t_r^* = \dfrac{\delta}{2\beta k_m}$ 处取最大值，由此验证了结论

4-8 和结论 4-9 的正确性。

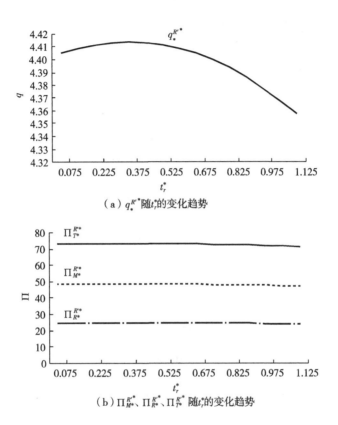

（a）$q_*^{R'*}$ 随 t_r^* 的变化趋势

（b）$\Pi_{M*}^{R'*}$、$\Pi_{R*}^{R'*}$、$\Pi_{T*}^{R'*}$ 随 t_r^* 的变化趋势

图 4-10　分销商提供产品担保模式下 t_r^* 对各变量的影响（$k_r = 0.5$）

图 4-11 展现了再制造闭环供应链系统提供产品担保模式下 $q_*^{C'*}$、$\Pi_{T*}^{C'*}$ 随 t_c^* 延长的变化趋势也是先增大后减小，在 $t_c = t_c^* = \dfrac{\delta}{2\beta k_m}$ 处达到最高，进一步证明了结论 4-12 和结论 4-13 的正确性。

最后，分析 k_m/k_r 的比值对三种担保模型中各决策变量最优解差值的影响。

由图 4-12 发现，t_m^* 与 t_r^* 的差值随 k_m/k_r 比值的升高而变小。当 $k_m/k_r \leqslant 1$，即 $k_m \leqslant k_r$ 时，$t_m^* \geqslant t_r^*$；当 $k_m/k_r > 1$，即 $k_m > k_r$ 时，$t_m^* < t_r^*$。

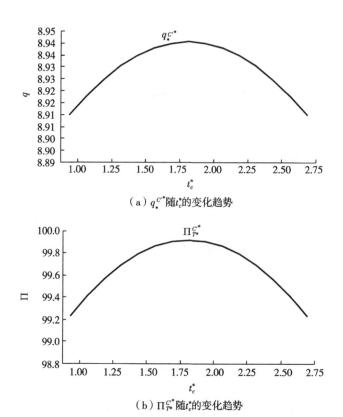

（a）q_*^{C*}随t_c^*的变化趋势

（b）Π_{T*}^{C*}随t_c^*的变化趋势

图 4-11 再制造闭环供应链提供产品担保模式下 t_c^* 对各变量的影响 （$k_m = 0.1$）

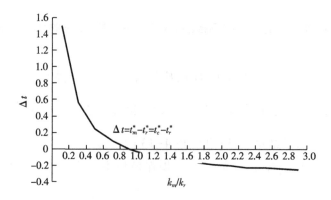

图 4-12 担保期限不同时 Δt 随 k_m/k_r 比值的变化趋势

（$k_r = 0.5$，$k_m \in [0.1, 1.5]$）

由图 4-13 得出，$p_*^{M'^*}$ 与 $p_*^{C'^*}$ 的差值大于 0，随 k_m/k_r 比值的增大而变小；$p_*^{R'^*}$ 与 $p_*^{C'^*}$ 的差值也大于 0，但随 k_m/k_r 的增大而变大。$p_*^{M'^*}$ 与 $p_*^{R'^*}$ 的差值随 k_m/k_r 比值的升高而缩小且会小于 0。当 $k_m/k_r \leq 1$，即 $k_m \leq k_r$ 时，$p_*^{M'^*} \geq p_*^{R'^*}$；当 $k_m/k_r > 1$，即 $k_m > k_r$ 时，$p_*^{M'^*} < p_*^{R'^*}$。

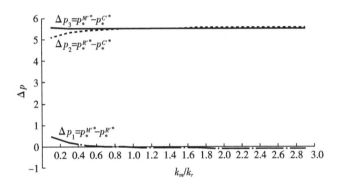

图 4-13　担保期限不同时 Δp_i 随 k_m/k_r 比值的变化趋势
（$i=1$, 2, 3, $k_r=0.5$, $k_m \in [0.1, 1.5]$）

图 4-14 说明，$q_*^{C'^*}$ 与 $q_*^{M'^*}$、$q_*^{C'^*}$ 与 $q_*^{R'^*}$ 的差值都大于 0，且随 k_m/k_r 比值的增大而变小。$q_*^{M'^*}$ 与 $q_*^{R'^*}$ 的差值也随 k_m/k_r 比值的增大而变小，但会小于 0。当 $k_m/k_r \leq 1$，即 $k_m \leq k_r$ 时，$q_*^{M'^*} \geq q_*^{R'^*}$；当 $k_m/k_r > 1$，即 $k_m > k_r$ 时，$q_*^{M'^*} < q_*^{R'^*}$。

由图 4-15 得出，$\prod_{M^*}^{M'^*}$ 与 $\prod_{M^*}^{R'^*}$、$\prod_{R^*}^{M'^*}$ 与 $\prod_{R^*}^{R'^*}$ 的差值均随 k_m/k_r 比值的增大而变小。当 $k_m/k_r \leq 1$，即 $k_m \leq k_r$ 时，$\prod_{M^*}^{M'^*} \geq \prod_{M^*}^{R'^*}$ 且 $\prod_{R^*}^{M'^*} \geq \prod_{R^*}^{R'^*}$；当 $k_m/k_r > 1$，即 $k_m > k_r$ 时，$\prod_{M^*}^{M'^*} < \prod_{M^*}^{R'^*}$ 且 $\prod_{R^*}^{M'^*} < \prod_{R^*}^{R'^*}$。

由图 4-16 发现，$\prod_{T^*}^{C'^*}$ 与 $\prod_{T^*}^{M'^*}$、$\prod_{T^*}^{C'^*}$ 与 $\prod_{T^*}^{R'^*}$ 的差值均大于 0 且随 k_m/k_r 比值的增大而变小。$\prod_{T^*}^{M'^*}$ 与 $\prod_{T^*}^{R'^*}$ 的差值也随 k_m/k_r 比值的增大而变小，但会小于 0。当 $k_m/k_r \leq 1$ 即 $k_m \leq k_r$ 时，$\prod_{T^*}^{M'^*} \geq \prod_{T^*}^{R'^*}$；当 $k_m/k_r > 1$ 即 $k_m > k_r$ 时，$\prod_{T^*}^{M'^*} < \prod_{T^*}^{R'^*}$。

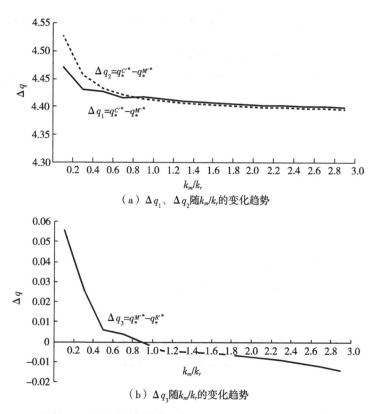

（a）Δq_1、Δq_2 随 k_m/k_r 的变化趋势

（b）Δq_3 随 k_m/k_r 的变化趋势

图 4-14　担保期限不同时 Δq_i 随 k_m/k_r 比值的变化趋势

（$i=1$，2，3，$k_r=0.5$，$k_m \in [0.1,1.5]$）

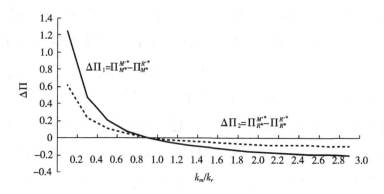

图 4-15　担保期限不同时 $\Delta \prod_i$ 随 k_m/k_r 比值的变化趋势

（$i=1$，2，$k_r=0.5$，$k_m \in [0.1,1.5]$）

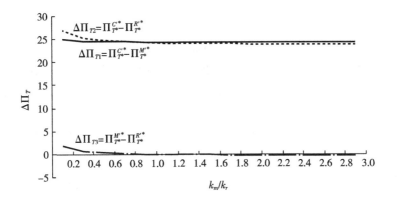

图4-16　担保期限不同时 $\Delta\prod_{Ti}$ 随 k_m/k_r 比值的变化趋势

（$i=1,\ 2,\ 3,\ k_r=0.5,\ k_m\in[0.1,\ 1.5]$）

　　图4-12至图4-16的分析结果进一步验证了结论4-10至结论4-15的正确性。

三、本章小结

　　当前，国内外关于再制造产品担保问题的研究，绝大部分都将生产商作为提供产品担保的主体，但在现实中，产品担保的责任主体除生产商外，分销商与再制造闭环供应链也有可能为再制造产品提供担保服务。一般来说，随着再制造闭环供应链内环境条件的变化，产品担保的成本、最优担保期限及其对整个系统的影响均会发生改变。因此，在选择最优担保责任主体时，需充分考虑到不同再制造闭环供应链环境条件的差异。本章假设提供产品担保的主体可能为生产商、分销商或者再制造闭环供应链，在产品已被提供担保服务的前提下，就产品担保主体选择及其效率比较进行了分析探讨。

其一，各主体在提供相同产品担保服务期限的条件下，对由一个生产商与一个分销商所构成的再制造闭环供应链系统进行了分析，分别就生产商、分销商与再制造闭环供应链提供产品担保服务时各主体的最优决策进行了比较研究，结果表明，当再制造产品的担保期限 t 相同时，最优担保主体的选择取决于各主体单位担保成本的对比关系：当 $k_r < k_m \leq \frac{\sqrt{3}k_r}{2} + \frac{(2-\sqrt{3})[\alpha+\delta t-\beta(A+c)]}{2\beta t^2}$ 或 $k_m \leq k_r$ 时，应该选择再制造闭环供应链提供担保服务，这样可以使再制造产品的价格最低，产量与系统收益最大，即系统担保效率最高；当 $k_m > \frac{\sqrt{3}k_r}{2} + \frac{(2-\sqrt{3})[\alpha+\delta t-\beta(A+c)]}{2\beta t^2}$ 时，应该选择分销商作为再制造产品担保的责任主体，这虽不一定能够使系统得到最低的产品价格与最高的产量，但可以使再制造闭环供应链系统的整体收益达到最大。

其二，各主体在提供不同产品担保服务期限的条件下，就生产商、分销商与整个再制造闭环供应链系统进行了分析，分别对各主体的最优决策进行了比较研究，结果发现，最优担保主体的选择也取决于各主体单位担保成本的对比关系：当 $k_m \leq k_r$ 或 $k_r < k_m \leq \frac{2\sqrt{3}k_r}{3} + \frac{\sqrt{3}(8-4\sqrt{3})\beta k_m k_r(\alpha-\beta A-\beta c)}{3\delta^2}$ 时，应该选择再制造闭环供应链提供担保服务，这样虽然不一定能够使再制造闭环供应链系统得到最低的产品价格与最长的担保期限，但可以使再制造产品的产量达到最高，再制造闭环供应链系统的收益达到最大；当 $k_m > \frac{2\sqrt{3}k_r}{3} + \frac{\sqrt{3}(8-4\sqrt{3})\beta k_m k_r(\alpha-\beta A-\beta c)}{3\delta^2}$ 时，应该选择分销商作为再制造产品的担保服务主体，这样虽然不一定能够使再制造闭环供应链系统得到最低的产品价格与最高的产量，但可以使再制造产品得到最长的担保服务期限，再制造闭环供应链系统的收益也将实现最大。

第五章

基于产品担保的再制造闭环
供应链协调策略分析

第四章对再制造闭环供应链内担保主体的选择与效率问题进行了探讨，结果发现：无论生产商、分销商或再制造闭环供应链对再制造产品提供担保期限相同还是不同，最优担保主体的选择都取决于各担保责任主体单位担保成本的对比关系，应从再制造闭环供应链整体收益的角度出发，科学理性地进行担保责任主体的选择。但在实际生产运营中，再制造闭环供应链内各主体的决策目标一般都是以自身收益最大化，与再制造闭环供应链整体收益最优的集中式决策方式相比，这种分散化的决策方式往往会导致系统整体收益的损失。由此，就需要在再制造闭环供应链内设计出一种协调机制，使再制造闭环供应链内各主体在保证自身收益的前提下实现系统整体收益的优化。

　　当前学术界对再制造闭环供应链协调问题的研究虽已取得一定成果，但将产品担保因素引入协调机制设计的还不多见。由此，本章从产品担保对再制造闭环供应链的影响出发，通过探讨分散式模式与集中式决策模式下再制造闭环供应链内各主体的最优决策，设计出能使各主体自觉接受并执行的收益共享契约，使其在保证自身收益不受损失的情况下，提升再制造闭环供应链的整体收益。

　　本章的结构安排如图 5-1 所示。

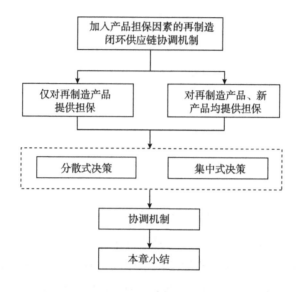

图 5-1　第五章结构安排

一、仅有再制造产品被提供担保的协调策略

（一）问题描述

根据 Savaskan 等（2004）、Bakal 和 Akcali（2006）的研究结论，由分销商负责回收废旧产品时闭环供应链的效率最高，本节也采用此种回收模式，对单一生产商和单一分销商组成的闭环供应链展开分析。构成闭环供应链的正向供应链中，生产商以批发价 w_n、w_r 将新产品、再制造产品卖给分销商，并对再制造产品提供期限为 t 的担保服务，分销商以零售价 p_n、p_r 将其销售；在逆向供应链中，分销商以回收价 A 从消费者手中回收 EOL 产品并将其以回购价 b 卖给生产商，生产商对 EOL 产品进行加工再制造实

现物质的循环利用，具体过程如图 5-2 所示。

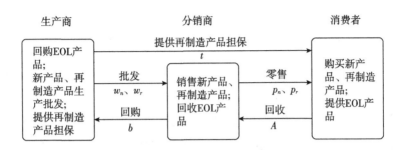

图 5-2　再制造产品被提供担保的再制造闭环供应链模型

（二）符号说明与模型假设

本节符号上标中的 D、C 分别表示再制造闭环供应链的分散式决策模式与集中式决策模式，上标 S 表示在再制造闭环供应链中引入收益共享契约。下标中的 M 与 R 表示生产商与分销商，1 表示再制造产品被提供担保的情况。记 Π 为各主体的收益，则 Π_M、Π_R 分别为生产商、分销商的收益，Π_T 为再制造闭环供应链系统的收益。

假设 5-1：生产商制造新产品和再制造产品单位可变成本分别为 c_n、c_r，且 $0<c_r<c_n$，分销商从消费者处回收 EOL 产品价格为 A，生产商从分销商处回购 EOL 产品价格为 b。

假设 5-2：再制造产品担保期限为 t，生产商为单位再制造产品提供担保的成本为 $k_m t^2$（$k_m>0$ 是担保期限对生产商单位产品担保成本的影响系数）。

假设 5-3：市场对新产品和再制造产品的需求分别为 D_n、D_r，则 $D_n=\alpha_1-\beta_1 p_n$，$D_r=\alpha_2-\beta_2 p_r+\delta t$（此时可视为对新产品担保期限为 0），$\alpha_i>0$ 表示产品价格为 0 且担保期限为 0 时市场对各类产品的需求量，$\beta_i>0$（$i=1$，2）为需求量的价格影响系数，$\delta>0$ 为担保期限对产品需求量的影响系数。

假设 5-4：分销商回收的 EOL 产品数量能够满足生产商对再制造产品的生产需要。

假设 5-5：再制造产品与新产品功能相同，因此单个消费者最多购买一单位新产品或一单位再制造产品。

（三）分散式决策

在分散式决策模式下，生产商与分销商均会以各自的收益最大化为目标进行决策，生产商因具有足够的渠道能力而成为 Stackelberg 领导者，而分销商则成为跟随者。此时模型中的决策顺序为：生产商先确定新产品和再制造产品批发价 w_n、w_r 与再制造产品保障期限 t，分销商根据生产商的决策，确定零售价 p_n、p_r。此时生产商、分销商的决策问题表示如下：

$$\max_{w_n, \, w_r} \prod_{M1}^{D} = (w_n - c_n)(\alpha_1 - \beta_1 p_n) + (w_r - c_r - kt^2 - b)(\alpha_2 - \beta_2 p_r + \delta t) \tag{5-1}$$

$$\max_{p_n, \, p_r} \prod_{R1}^{D} = (p_n - w_n)(\alpha_1 - \beta_1 p_n) + (p_r - w_r + b - A)(\alpha_2 - \beta_2 p_r + \delta t) \tag{5-2}$$

由式（5-2）的一阶条件，可知：

$$p_{n1} = \frac{\alpha_1 + w_n \beta_1}{2\beta_1}$$

$$p_{r1} = \frac{\alpha_2 + \delta t + \beta_2 w_r - \beta_2 b + \beta_2 A}{2\beta_2}$$

将 p_n、p_r 代入式（5-1）中，根据其一阶条件，可得：

$$w_{n1}^{D*} = \frac{\alpha_1 + c_n \beta_1}{2\beta_1}$$

$$w_{r1}^{D*} = \frac{\alpha_2 + \delta t + \beta_2 c_r + \beta_2 kt^2 + 2\beta_2 b - \beta_2 A}{2\beta_2}$$

$$p_{n1}^{D*} = \frac{3\alpha_1 + c_n \beta_1}{4\beta_1}$$

$$p_{r1}^{D*} = \frac{3\alpha_2 + 3\delta t + \beta_2 c_r + \beta_2 kt^2 + \beta_2 A}{4\beta_2}$$

$$q_{n1}^{D*} = \frac{\alpha_1 - c_n \beta_1}{4}$$

$$q_{r1}^{D*} = \frac{\alpha_2 + \delta t - \beta_2 c_r - \beta_2 kt^2 - \beta_2 A}{4}$$

从而可得出，在分散式决策下，生产商、分销商和再制造闭环供应链总体最优利润如下：

$$\prod\nolimits_{M1}^{D*} = \frac{(\alpha_1-c_n\beta_1)^2}{8\beta_1} + \frac{(\alpha_2+\delta t-\beta_2 c_r-\beta_2 kt^2-\beta_2 A)^2}{8\beta_2}$$

$$\prod\nolimits_{R1}^{D*} = \frac{(\alpha_1-c_n\beta_1)^2}{16\beta_1} + \frac{(\alpha_2+\delta t-\beta_2 c_r-\beta_2 kt^2-\beta_2 A)^2}{16\beta_2}$$

$$\prod\nolimits_{T1}^{D*} = \frac{3(\alpha_1-c_n\beta_1)^2}{16\beta_1} + \frac{3(\alpha_2+\delta t-\beta_2 c_r-\beta_2 kt^2-\beta_2 A)^2}{16\beta_2}$$

结论 5-1：在分散式决策条件下，新产品的批发价 w_n、零售价 p_n 均与生产商对再制造产品提供的担保期限 t 无关，再制造产品的批发价 w_r、零售价 p_r 与再制造产品的产品担保期限 t 正相关。

证明：由 w_{n1}^{D*}、p_{n1}^{D*} 表达式可以得出，w_n 和 p_n 均与 t 无关；因 $\frac{\partial w_{r1}^{D*}}{\partial t^D} =$

$\frac{\delta+2\beta_2 kt^D}{2\beta_2}>0$，$\frac{\partial p_{r1}^{D*}}{\partial t^D} = \frac{3\delta+2\beta_2 kt^D}{4\beta_2}>0$，所以 w_r、p_r 均与 t 正相关。

结论 5-2：在分散式决策模式下，生产商对再制造产品提供担保的期限

为 $t^D \in \left[0, \frac{\delta+\sqrt{\delta^2+4\beta_2 k(\alpha_2-\beta_2 c_r-\beta_2 A)}}{2\beta_2 k}\right]$。当 $t^D = t^{D*} = \frac{\delta}{2\beta_2 k}$ 时，q_{r1}^{D*} 达到最

大：$q_{r1}^{D**} = \frac{\delta^2+4\beta_2 k(\alpha_2-\beta_2 c_r-\beta_2 A)}{16\beta_2 k}$，当 $0\leqslant t^D<t^{D*}$ 时，q_{r1}^{D*} 则随 t^D 的增大而变

大；当 $t^{D*}<t^D\leqslant\frac{\delta+\sqrt{\delta^2+4\beta_2 k[\alpha_2-\beta_2(c_r+A)]}}{2\beta_2 k}$ 时，q_{r1}^{D*} 则随 t^D 的增大而减小。

证明：当 $t^D=0$ 时，$q_{r1}^D=\alpha_2-\beta_2 p_r=\frac{\alpha_2-\beta_2 c_r-\beta_2 A}{4}$，由 $q_{r1}^D\geqslant0$ 可知，$\alpha_2-\beta_2 c_r-\beta_2 A\geqslant$

0，又由 $q_{r1}^{D*}=\frac{\alpha_2+\delta t-\beta_2 c_r-\beta_2 kt^2-\beta_2 A}{4\beta_2}\geqslant0$，可得 $\frac{\delta-\sqrt{\delta^2+4\beta_2 k(\alpha_2-\beta_2 c_r-\beta_2 A)}}{2\beta_2 k}\leqslant t^D\leqslant$

$\frac{\delta+\sqrt{\delta^2+4\beta_2 k(\alpha_2-\beta_2 c_r-\beta_2 A)}}{2\beta_2 k}$，因 $t^D\geqslant0$，故 $t^D\in\left[0, \frac{\delta+\sqrt{\delta^2+4\beta_2 k(\alpha_2-\beta_2 c_r-\beta_2 A)}}{2\beta_2 k}\right]$。

又因 $\dfrac{\partial q_{r1}^{D*}}{\partial t^{D}} = \dfrac{\delta - 2\beta_2 kt^{D}}{4}$，$\dfrac{\partial^2 q_{r1}^{D*}}{\partial t^{D^2}} = -2\beta_2 k < 0$，所以，当 $\dfrac{\partial q_{r1}^{D*}}{\partial t^{D}} = 0$ 即 $t^{D} = t^{D*} =$

$\delta/2\beta_2 k$ 时，q_{r1}^{D*} 取最大值为 $q_{r1}^{D**} = \dfrac{\delta^2 + 4\beta_2 k(\alpha_2 - \beta_2 c_r - \beta_2 A)}{16\beta_2 k}$。又由 t^{D} 的取值范

围可知：当 $0 \leqslant t^{D} < t^{D*}$ 时，q_{r1}^{D*} 则随 t^{D} 的增大而变大；当 $t^{D*} < t^{D} \leqslant$

$\dfrac{\delta + \sqrt{\delta^2 + 4\beta_2 k[\alpha_2 - \beta_2(c_r + A)]}}{2\beta_2 k}$ 时，q_{r1}^{D*} 则随 t^{D} 的增大而减小，故原结论得证。

（四）集中式决策

在集中式决策模式下，生产商与分销商作为一个整体统一进行决策，以再制造闭环供应链整体利润最大化为决策目标，此时再制造闭环供应链的整体决策问题表示如下：

$$\max_{p_n,\ p_r} \prod\nolimits_{T1}^{C} = (p_n - c_n)(\alpha_1 - \beta_1 p_n) + (p_r - c_r - kt^2 - A)(\alpha_2 - \beta_2 p_r + \delta t)$$

$$(5-3)$$

由式（5-3）的一阶条件，可得：

$$p_{n1}^{C*} = \frac{\alpha_1 + c_n \beta_1}{2\beta_1}$$

$$p_{r1}^{C*} = \frac{\alpha_2 + \delta t + \beta_2 c_r + \beta_2 kt^2 + \beta_2 A}{2\beta_2}$$

继而可推算出：

$$q_{n1}^{C*} = \frac{\alpha_1 - c_n \beta_1}{2}$$

$$q_{r1}^{C*} = \frac{\alpha_2 + \delta t - \beta_2 c_r - \beta_2 kt^2 - \beta_2 A}{2}$$

从而可得出集中式决策下，闭环供应链总体最优利润如下：

$$\prod\nolimits_{T1}^{C*} = \frac{(\alpha_1 - c_n \beta_1)^2}{4\beta_1} + \frac{(\alpha_2 + \delta t - \beta_2 c_r - \beta_2 kt^2 - \beta_2 A)^2}{4\beta_2}$$

结论 5-3：在集中式决策条件下，新产品的零售价 p_n 与再制造产品提

供的担保期限 t 无关，而再制造产品的零售价 p_r 则与 t 正相关。

证明：过程同结论 5-1。

结论 5-4：在集中式决策模式下，新产品、再制造产品的零售价比分散式模式下更低，产量与闭环供应链整体利润也均比分散式下更高。

证明：

$$p_{n1}^{D*} - p_{n1}^{C*} = \frac{q_{n1}^{C*}}{2\beta_1} > 0$$

$$p_{r1}^{D*} - p_{r1}^{C*} = \frac{q_{r1}^{C*}}{2\beta_2} > 0$$

$$q_{n1}^{C*} = \frac{\alpha_1 - c_n\beta_1}{2\beta_1} > \frac{\alpha_1 - c_n\beta_1}{4\beta_1} = q_{n1}^{D*}$$

$$q_{r1}^{C*} = \frac{\alpha_2 + \delta t - \beta_2 c_r - \beta_2 kt^2 - \beta_2 A}{2\beta_2} > \frac{\alpha_2 + \delta t - \beta_2 c_r - \beta_2 kt^2 - \beta_2 A}{4\beta_2} = q_{r1}^{D*}$$

$$\prod_{T1}^{C*} = \frac{(\alpha_1 - c_n\beta_1)^2}{4\beta_1} + \frac{(\alpha_2 + \delta t - \beta_2 c_r - \beta_2 kt^2 - \beta_2 A)^2}{4\beta_2} > \frac{3(\alpha_1 - c_n\beta_1)^2}{16\beta_1} +$$

$$\frac{3(\alpha_2 + \delta t - \beta_2 c_r - \beta_2 kt^2 - \beta_2 A)^2}{16\beta_2} = \prod_{T1}^{D*}$$

故原结论得证。

结论 5-5：在集中式决策模式下，生产商对再制造产品提供担保的期限为 $t^C \in \left[0, \frac{\delta + \sqrt{\delta^2 + 4\beta_2 k(\alpha_2 - \beta_2 c_r - \beta_2 A)}}{2\beta_2 k}\right]$。当 $t^C = t^{C*} = \frac{\delta}{2\beta_2 k}$ 时，q_{r1}^{C*} 达到

最大：$q_{r1}^{C**} = \frac{\delta^2 + 4\beta_2 k(\alpha_2 - \beta_2 c_r - \beta_2 A)}{8\beta_2 k}$，当 $0 \leq t^C < t^{C*}$ 时，q_{r1}^{C*} 则随 t^C 的增大

而变大；当 $t^{C*} < t^C \leq \frac{\delta + \sqrt{\delta^2 + 4\beta_2 k[\alpha_2 - \beta_2(c_r + A)]}}{2\beta_2 k}$ 时，q_{r1}^{C*} 则随 t^C 的增大而

减小。

证明：过程同结论 5-2。

（五）确定协调策略

由结论 5-4 可以看出，分散式决策模式与集中式决策模式相比，再制造闭环供应链的整体效率存在一定的损失，为使分散式决策模式下再制造闭环供应链的整体利润达到集中式决策下的水平，就需要在生产商与分销商之间引入收益共享契约。此时生产商将以低于成本的价格 w_n^S、w_r^S 将新产品、再制造产品批发给分销商，待产品销售结束后，分销商与生产商又会以 $\varphi(0<\varphi<1)$ 与 $1-\varphi$ 的比例将销售收入进行分配。由此，生产商与分销商的决策问题表示如下：

$$\max_{p_n,\,p_r}\prod_{M1}^S=(w_n-c_n)(\alpha_1-\beta_1p_n)+(w_r-c_r-kt^2-b)(\alpha_2-\beta_2p_r+\delta t)+(1-\varphi)$$
$$[p_n(\alpha_1-\beta_1p_n)+p_r(\alpha_2-\beta_2p_r+\delta t)] \tag{5-4}$$

$$\max_{p_n,\,p_r}\prod_{R1}^S=\varphi[p_n(\alpha_1-\beta_1p_n)+p_r(\alpha_2-\beta_2p_r+\delta t)]-w_n(\alpha_1-\beta_1p_n)-$$
$$(w_r-b+A)(\alpha_2-\beta_2p_r+\delta t) \tag{5-5}$$

结论 5-6：在设计收益共享契约时，要使再制造闭环供应链在分散式决策模式下的运行效率达到集中式决策下的水平，则新产品、再制造产品的批发价应定为 $w_{n1}^{S*}=\varphi c_n$、$w_{r1}^{S*}=\varphi(c_r+kt^2+A)+b-A$。如要确保收益共享契约能够得到再制造闭环供应链内生产商与分销商的自愿执行，φ 需满足 $\dfrac{1}{4}\leqslant\varphi\leqslant\dfrac{1}{2}$。

证明：由式（5-5）的一阶条件，可得：

$$p_{n1}^{S*}=\frac{\alpha_1\varphi+\beta_1w_n}{2\beta_1\varphi}$$

$$p_{r1}^{S*}=\frac{\varphi(\alpha_2+\delta t)+\beta_2w_r+\beta_2A-\beta_2b}{2\beta_2\varphi}$$

为使引入收益共享契约后再制造闭环供应链在分散式决策模式下的运行效率与集中式决策下水平一致，需满足 $p_{n1}^{S*}=p_{n1}^{C*}$ 和 $p_{r1}^{S*}=p_{r1}^{C*}$，由此可得：

$$w_{n1}^{S*}=\varphi c_n$$

$$w_{r1}^{S*} = \varphi(c_r + kt^2 + A) + b - A$$

将 w_{n1}^{S*}、w_{r1}^{S*}、p_{n1}^{S*} 和 p_{r1}^{S*} 代入式（5-4）和式（5-5），即可算出收益共享契约条件下分销商和生产商的利润如下：

$$\prod_{R1}^{S*} = \frac{\varphi(\alpha_1 - c_n\beta_1)^2}{4\beta_1} + \frac{\varphi(\alpha_2 + \delta t - \beta_2 c_r - \beta_2 kt^2 - \beta_2 A)^2}{4\beta_2}$$

$$\prod_{M1}^{S*} = \frac{(1-\varphi)(\alpha_1 - c_n\beta_1)^2}{4\beta_1} + \frac{(1-\varphi)(\alpha_2 + \delta t - \beta_2 c_r - \beta_2 kt^2 - \beta_2 A)^2}{4\beta_2}$$

则有 $\prod_{R1}^{S*} = \prod_{R1}^{S*} + \prod_{M1}^{S*} = \prod_{T1}^{C*}$，说明该收益共享契约能够协调整个再制造闭环供应链，并提高分散式决策模式下整个再制造闭环供应链的效率。

要使生产商与分销商主动认可并执行收益共享型契约，需保证其二者在执行收益共享契约后各自的收益不低于分散式决策模式下的水平，即 $\prod_{M1}^{S*} \geq \prod_{M1}^{D*}$、$\prod_{R1}^{S*} \geq \prod_{R1}^{D*}$，由此可得 $\frac{1}{4} \leq \varphi \leq \frac{1}{2}$。

结论 5-7：收益共享契约条件下，再制造产品担保期限为 $t^S \in \left[0, \frac{\delta + \sqrt{\delta^2 + 4\beta_2 k(\alpha_2 - \beta_2 c_r - \beta_2 A)}}{2\beta_2 k}\right]$。当 $t^S = t^{S*} = \frac{\delta}{2\beta_2 k}$ 时，q_{r1}^{S*} 达到最大：

$$q_{r1}^{S**} = \frac{\delta^2 + 4\beta_2 k(\alpha_2 - \beta_2 c_r - \beta_2 A)}{8\beta_2 k}$$，当 $0 \leq t^S < t^{S*}$ 时，q_{r1}^{S*} 则随 t^S 的增大而变大；

当 $t^{S*} < t^S \leq \frac{\delta + \sqrt{\delta^2 + 4\beta_2 k[\alpha_2 - \beta_2(c_r + A)]}}{2\beta_2 k}$ 时，q_{r1}^{S*} 则随 t^S 的增大而减小。

证明：过程同结论 5-2。

（六）数值仿真分析

上文通过对数理模型进行分析，分别考虑了分散式、集中式决策模式与收益共享契约条件下，再制造闭环供应链中各方利润的最优解。为进一步对上述结论进行论证，下文将通过对模型中相关参数赋值来分析上文结论。

假定某再制造闭环供应链相关参数为 $c_n = 10$、$c_r = 2$、$A = 1$、$b = 2$、

$\alpha_1 = 40$、$\alpha_2 = 20$、$\beta_1 = 1$、$\beta_2 = 0.8$、$\delta = 0.3$、$k = 0.5$、$t = 3$，分别取 $\varphi = 0.25$，…，$\varphi = 0.50$，则各变量最优解如表 5-1 所示。

表 5-1   仅有再制造产品被提供担保时三种决策模式下的最优解

变量	分散式决策模型	集中式决策模型	收益共享契约中 φ 的取值					
			0.25	0.3	0.35	0.4	0.45	0.5
W_{n1}	30.00	—	2.50	3.00	3.50	4.00	4.50	5.00
W_{r1}	27.05	—	3.13	3.55	3.98	4.40	4.83	5.25
P_{n1}	40.00	30.00	30.94	30.94	30.94	30.94	30.94	30.94
P_{r1}	34.83	26.05	27.40	27.40	27.40	27.40	27.40	27.40
Q_{n1}	8.00	16.00	16.00	16.00	16.00	16.00	16.00	16.00
Q_{r1}	4.39	8.78	8.78	8.78	8.78	8.78	8.78	8.78
Π_{M1}	237.00	—	118.50	142.20	165.90	189.60	213.30	237.00
Π_{R1}	118.50	—	355.50	331.80	308.10	284.40	260.70	237.00
Π_{T1}	355.50	474.00	474.00	474.00	474.00	474.00	474.00	474.00

由表 5-1 可知，在分散式决策模式下，新产品、再制造产品的价格均比集中式下更高，产量与再制造闭环供应链整体利润也均比集中式下更低，由此验证了结论 5-4 的正确性。在收益共享契约模式下，当 φ 值在 $[0.25, 0.5]$ 之间增大时，分销商与生产商的收益虽均不低于分散式决策下的水平，但生产商利润却随着分销商利润的增加而减少，并且再制造闭环供应链整体收益与集中式决策下的水平一致，说明收益共享契约可有效提高再制造闭环供应链的整体效率，证明了结论 5-6 和结论 5-7 的正确性，同时也说明参数可在保证闭环供应链整体效率的前提下，调整生产商与分销商的利润分配，可以使再制造闭环供应链具备一定的柔性。

下面分析产品担保期限 t 对三种决策模式的影响。

图 5-3 说明，在分散式决策模式下，新产品批发价、零售价均与再制造产品担保期限无关，而再制造产品的批发价、零售价则随其担保期限的

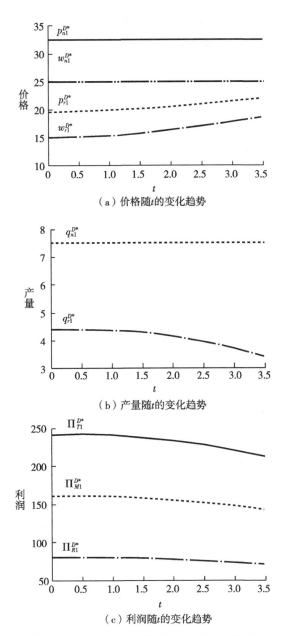

（a）价格随t的变化趋势

（b）产量随t的变化趋势

（c）利润随t的变化趋势

图 5-3 分散式决策模式下产品担保t对价格、产量与利润的影响（取$\varphi=0.4$）

延长而上涨；新产品的产量与再制造产品的担保期限无关，再制造产品的产量却随担保期限 t 的延长先升高后降低，在 $t^{D*} = \dfrac{\delta}{2\beta_2 k} = 0.375$ 处达到最高；生产商、分销商以及再制造闭环供应链利润也随担保期限 t 的延长而呈现先增大后减小的趋势，在 $t^{D*} = \dfrac{\delta}{2\beta_2 k} = 0.375$ 处均达到最大。由此验证了结论 5-1 和结论 5-2 的正确性。

图 5-4 说明，在集中式决策模式下，新产品零售价与再制造产品担保期限无关，再制造产品零售价随其担保期限的延长而上涨；新产品的产量与再制造产品的担保期限无关，再制造产品的产量却随担保期限 t 的延长先升高后降低，在 $t^{D*} = \dfrac{\delta}{2\beta_2 k} = 0.375$ 处达到最大；再制造闭环供应链的总利润也随担保期限 t 的增加而先增大后减小，在 $t^{D*} = \dfrac{\delta}{2\beta_2 k} = 0.375$ 处达到最大；从数值上来看，与分散式决策模式相比，集中式决策下新产品、再制造产品的零售价更低，产量与闭环供应链整体利润则更高。由此验证了结论 5-3 至结论 5-5 的正确性。

图 5-5 说明，在收益共享契约条件下，新产品批发价、零售价均与再制造产品担保期限无关，再制造产品批发价、零售价却随其担保期限的延长而上涨；新产品的产量与再制造产品的担保期限无关，再制造产品的产量却随担保期限 t 的延长先升高后降低，在 $t^{D*} = \dfrac{\delta}{2\beta_2 k} = 0.375$ 处达到最大；再制造闭环供应链的总利润也随担保期限 t 的增加而先增大后减小，在 $t^{D*} = \dfrac{\delta}{2\beta_2 k} = 0.375$ 处达到最大；从数值上来看，收益共享契约条件下新产品、再制造产品的零售价、产量以及再制造闭环供应链总利润均与集中式下相同。由此验证了结论 5-6 和结论 5-7 的正确性。

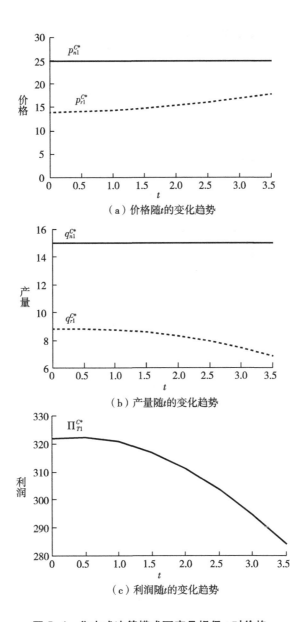

（a）价格随t的变化趋势

（b）产量随t的变化趋势

（c）利润随t的变化趋势

图 5-4 集中式决策模式下产品担保 t 对价格、
产量与利润的影响（取 $\varphi = 0.4$）

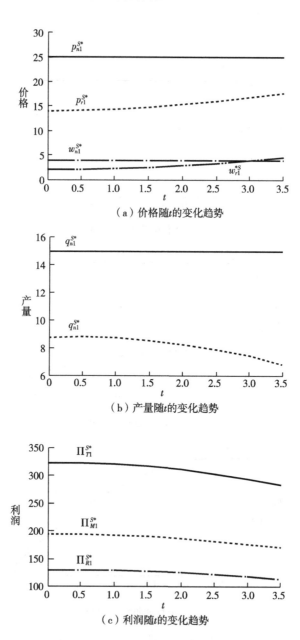

（a）价格随t的变化趋势

（b）产量随t的变化趋势

（c）利润随t的变化趋势

图5-5　收益共享契约条件下产品担保t对价格、
产量与利润的影响（取$\varphi = 0.4$）

二、新产品、再制造产品均被
提供担保的协调策略

（一）问题描述

上节分析了生产商对再制造产品提供担保时再制造闭环供应链的协调问题，在实际生产运营中，生产商除对再制造产品提供担保外，还可选择对新产品、再制造产品均提供担保，从而获得更高的收益。本节进一步扩展产品担保对象的选择范围，探讨生产商对新产品、再制造产品均提供担保时再制造闭环供应链的协调策略。

本节也采用分销商回收 EOL 产品的回收模式，再制造闭环供应链系统中各个主体的活动顺序与仅有再制造产品被提供担保时基本相同，主要区别为消费者在购买到新产品时也同时会获得期限为 t_1 的担保服务，具体如图 5-6 所示。

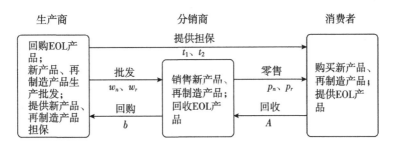

图 5-6 新产品、再制造产品均被提供担保的再制造闭环供应链模型

（二）符号说明与模型假设

本节符号上标注的 D、C 分别表示再制造闭环供应链的分散式决策模式与集中式决策模式，上标 S 表示在再制造闭环供应链中引入收益共享契约。下标中的 M 与 R 表示生产商与分销商，2 表示新产品、再制造产品均被提供担保的情况。记 $\prod$ 为各主体的收益，则 $\prod_M$、$\prod_R$ 分别为生产商、分销商的收益，$\prod_T$ 为再制造闭环供应链系统的收益。

假设 5-6：生产商制造新产品和再制造产品单位可变成本分别为 c_n、c_r，且 $0 < c_r < c_n$，分销商从消费者处回收 EOL 产品价格为 A，生产商从分销商处回购 EOL 产品价格为 b。

假设 5-7：新产品、再制造产品担保期限分别为 t_1、t_2，生产商为单位新产品、再制造产品提供担保的成本分别为 $k_m t_1^2$、$k_m t_2^2$（$k_m > 0$ 是担保期限对生产商单位产品担保成本的影响系数）。

假设 5-8：市场对新产品与再制造产品的需求分别为 $D_n = \alpha_1 - \beta_1 p_n + \delta_1 t_1$，$D_r = \alpha_2 - \beta_2 p_r + \delta_2 t_2$，$\alpha_i (\alpha_i > 0,\ i = 1,\ 2)$ 是产品价格、担保期限均为 0 时各类产品的需求量，$\beta_i > 0 (i = 1,\ 2)$ 为需求量的价格影响系数，$\delta_i > 0 (i = 1,\ 2)$ 为担保期限对产品需求量的影响系数。

假设 5-9：分销商回收的 EOL 产品数量能够满足生产商对再制造产品的生产需要。

假设 5-10：再制造产品与新产品功能相同，因此，一个消费者最多只购买一单位新产品或一单位再制造产品。

（三）分散式决策

由以上假设条件可知，在分散式决策模式下，生产商与分销商形成 Stackelberg 博弈关系，其中生产商为领导者，分销商为跟随者。生产商首先要确定新产品和再制造产品的批发价 w_n、w_r 与担保期限 t_1、t_2，分销商则根据生产商的决策再确定各产品的销售价 p_n、p_r。此时生产商与分销商的决策问题表示如下：

$$\max_{w_n,\ w_r} \prod_{M2}^{D} = (w_n - c_n - k_m t_1^2)(\alpha_1 - \beta_1 p_n + \delta_1 t_1) + (w_r - c_r - k_m t_2^2 - b)(\alpha_2 - \beta_2 p_r + \delta_2 t_2)$$

$$(5-6)$$

$$\max_{p_n,\ p_r} \prod_{R2}^{D} = (p_n - w_n)(\alpha_1 - \beta_1 p_n + \delta_1 t_1) + (p_r - w_r + b - A)(\alpha_2 - \beta_2 p_r + \delta_2 t_2) \quad (5-7)$$

由式（5-7）的一阶条件，可得：

$$p_{n2} = \frac{\alpha_1 + \beta_1 w_n + \delta_1 t_1}{2\beta_1}$$

$$p_{r2} = \frac{\alpha_2 + \delta_2 t_2 + \beta_2 w_r - \beta_2 b + \beta_2 A}{2\beta_2}$$

将 p_{n2}、p_{r2} 代入式（5-6）中，根据其一阶条件，可得分散式决策下，新产品与再制造产品的最优批发价如下：

$$w_{n2}^{D*} = \frac{\alpha_1 + \beta_1 c_n + \delta_1 t_1 + \beta_1 k_m t_1^2}{2\beta_1}$$

$$w_{r2}^{D*} = \frac{\alpha_2 + \delta_2 t_2 + \beta_2 k_m t_2^2 + \beta_2(c_r + 2b - A)}{2\beta_2}$$

再将 w_{n2}^{D*}、p_{r2} 代入 p_{n2}、p_{r2} 中，即可得分散式决策下，新产品与再制造产品的最优销售价格和需求量如下：

$$p_{n2}^{D*} = \frac{3\alpha_1 + \beta_1 c_n + 3\delta_1 t_1 + \beta_1 k_m t_1^2}{4\beta_1}$$

$$p_{r2}^{D*} = \frac{3\alpha_2 + \beta_2 c_r + 3\delta_2 t_2 + \beta_2 k_m t_2^2 + \beta_2 A}{4\beta_2}$$

$$q_{n2}^{D*} = D_{n2}^{D*} = \alpha_1 - \beta_1 p_{n2}^{D*} + \delta_1 t_1 = \frac{\alpha_1 - \beta_1 c_n + \delta_1 t_1 - \beta_1 k_m t_1^2}{4}$$

$$q_{n2}^{D*} = D_{n2}^{D*} = \alpha_2 - \beta_2 p_{r2}^{D*} + \delta_2 t_2 = \frac{\alpha_2 + \delta_2 t_2 - \beta_2 k_m t_2^2 - \beta_2 c_r - \beta_2 A}{4}$$

从而可得出分散式决策下，生产商、分销商与再制造闭环供应链总体最优利润如下：

$$\prod_{M2}^{D*} = \frac{(\alpha_1 - \beta_1 c_n + \delta_1 t_1 - \beta_1 k_m t_1^2)^2}{8\beta_1} + \frac{(\alpha_2 + \delta_2 t_2 - \beta_2 k_m t_2^2 - \beta_2 c_r - \beta_2 A)^2}{8\beta_2}$$

$$\prod_{R2}^{D*} = \frac{(\alpha_1 - \beta_1 c_n + \delta_1 t_1 - \beta_1 k_m t_1^2)^2}{16\beta_1} + \frac{(\alpha_2 + \delta_2 t_2 - \beta_2 k_m t_2^2 - \beta_2 c_r - \beta_2 A)^2}{16\beta_2}$$

$$\prod_{r2}^{D*} = \frac{3(\alpha_1 - \beta_1 c_n + \delta_1 t_1 - \beta_1 k_m t_1^2)^2}{16\beta_1} + \frac{3(\alpha_2 + \delta_2 t_2 - \beta_2 k_m t_2^2 - \beta_2 c_r - \beta_2 A)^2}{16\beta_2}$$

结论 5-8：在分散式决策模式下，w_{n2}^{D*}、p_{n2}^{D*} 均与 t_1 正相关，而与 t_2 无关；w_{r2}^{D*}、p_{r2}^{D*} 皆与 t_2 正相关，而与 t_1 无关。

证明：因 $t_i \geq 0$，$(i = 1, 2)$，所以 $\frac{\partial w_{n2}^{D*}}{\partial t_1^D} = \frac{\delta_1 + 2\beta_1 k_m t_1^D}{2\beta_1} > 0$，$\frac{\partial p_{n2}^{D*}}{\partial t_1^D} = \frac{3\delta_1 + 2\beta_1 k_m t_1^D}{4\beta_1} > 0$。

又因 $\frac{\partial w_{n2}^{D*}}{\partial t_2^D} = 0$，$\frac{\partial p_{n2}^{D*}}{\partial t_2^D} = 0$，故 w_{n2}^{D*}、p_{n2}^{D*} 与 t_1 正相关，而与 t_2 无关。同理可证 w_{r2}^{D*}、p_{r2}^{D*} 与 t_2 正相关，而与 t_1 无关，原结论得证。

结论 5-9：在分散式决策模式下，q_{n2}^{D*} 与 t_2 无关；生产商对新产品提供担保期限为 $t_1^D \in \left[0, \frac{\delta_1 + \sqrt{\delta_1^2 + 4\beta_1 k_m(\alpha_1 - \beta_1 c_n)}}{2\beta_1 k_m}\right]$。当 $t_1^D = t_1^{D*} = \delta_1/2\beta_1 k_m$ 时，q_{n2}^{D*} 达到最大：$q_{n2}^{D**} = \frac{\delta_1^2 + 4\beta_1 k_m(\alpha_1 - \beta_1 c_n)}{16\beta_1 k_m}$；当 $0 \leq t_1^D < t_1^{D*}$ 时，q_{n2}^{D*} 随 t_1^D 的增大而变大；当 $t_1^{D*} < t_1^D \leq \frac{\delta_1 + \sqrt{\delta_1^2 + 4\beta_1 k_m(\alpha_1 - \beta_1 c_n)}}{2\beta_1 k_m}$ 时，q_{n2}^{D*} 随 t_1^D 的增大而变小。

证明：因 $\partial q_n^{D*}/\partial t_2 = 0$，故 q_{n2}^{D*} 与 t_2 无关，当 $t_1^D = 0$ 时，$q_{n2}^D = \alpha_1 - \beta_1 p_n \geq 0$，所以，$\alpha_1 - \beta_1 c_n > \alpha_1 - \beta_1 p_n \geq 0$。

又由 $q_{n2}^{D*} = \frac{\alpha_1 - \beta_1 c_n + \delta_1 t_1 - \beta_1 k_m t_1^2}{4} \geq 0$，可得 $[\delta_1 - \sqrt{\delta_1^2 + 4\beta_1 k_m(\alpha_1 - \beta_1 c_n)}]/2\beta_1 k_m \leq t_1^D \leq [\delta_1 + \sqrt{\delta_1^2 + 4\beta_1 k_m(\alpha_1 - \beta_1 c_n)}]/2\beta_1 k_m$，因 $t_1^D \geq 0$，故有 $t_1^D \in \left[0, \frac{\delta_1 + \sqrt{\delta_1^2 + 4\beta_1 k_m(\alpha_1 - \beta_1 c_n)}}{2\beta_1 k_m}\right]$。又因 $\frac{\partial q_{n2}^{D*}}{\partial t_1^D} = \frac{\delta_1 - 2\beta_1 k_m t_1^D}{4}$，$\frac{\partial^2 q_{n2}^{D*}}{\partial t_1^{D2}} = -2\beta_1 k_m < 0$，所以，当 $\partial q_{n2}^{D*}/\partial t_1^D = 0$ 即 $t_1^D = t_1^{D*} = \delta_1/2\beta_1 k_m$ 时，q_{n2}^{D*} 取最大值为 $q_{n2}^{D**} = \frac{\delta_1^2 + 4\beta_1 k_m(\alpha_1 - \beta_1 c_n)}{16\beta_1 k_m}$；又由 t_1^D 的取值范围可知：当 $0 \leq t_1^D < t_1^{D*}$ 时，q_{n2}^{D*} 随

t_1^D 的增大而变大；当 $t_1^{D*}<t_1^D\leqslant\dfrac{\delta_1+\sqrt{\delta_1^2+4\beta_1 k_m(\alpha_1-\beta_1 c_n)}}{2\beta_1 k_m}$ 时，q_{n2}^{D*} 随 t_1^D 的增大而变小，故原结论得证。

结论 5-10：在分散式决策条件下，q_{r2}^{D*} 与 t_1 无关；生产商对再制造产品提供担保期限为 $t_2^D\in\left[0,\dfrac{\delta_2+\sqrt{\delta_2^2+4\beta_2 k_m(\alpha_2-\beta_2 c_r-\beta_2 A)}}{2\beta_2 k_m}\right]$。当 $t_2^D=t_2^{D*}=$ $\delta_2/2\beta_2 k_m$ 时，q_{r2}^{D*} 达到最大：$q_{r2}^{D**}=\dfrac{\delta_2^2+4\beta_2 k_m(\alpha_2-\beta_2 c_r-\beta_2 A)}{16\beta_2 k_m}$，当 $0\leqslant t_2^D<$ t_2^{D*} 时，q_{r2}^{D*} 随 t_2^D 的增大而变大；当 $t_2^{D*}<t_2^D\leqslant\dfrac{\delta_2+\sqrt{\delta_2^2+4\beta_2 k_m[\alpha_2-\beta_2(c_r+A)]}}{2\beta_2 k_m}$ 时，q_{r2}^{D*} 随 t_2^D 的增大而减小。

证明：过程同结论 5-9。

结论 5-11：当 $t_1^D=t_1^{D*}=\delta_1/2\beta_1 k_m$ 且 $t_2^D=t_2^{D*}=\delta_2/2\beta_2 k_m$ 时，$\prod_{M2}^{D*}$、$\prod_{R2}^{D*}$ 与 $\prod_{T2}^{D*}$ 均达到最大，分别为 $\prod_{M2}^{D**}=[\delta_1^2+4\beta_1 k_m(\alpha_1-\beta_1 c_n)]^2/128\beta_1^3 k_m^2+$ $[\delta_2^2+4\beta_2 k_m(\alpha_2-\beta_2 c_r-\beta_2 A)]^2/128\beta_2^3 k_m^2$、$\prod_{R2}^{D**}=[\delta_1^2+4\beta_1 k_m(\alpha_1-\beta_1 c_n)]^2/$ $256\beta_1^3 k_m^2+[\delta_2^2+4\beta_2 k_m(\alpha_2-\beta_2 c_r-\beta_2 A)]^2/256\beta_2^3 k_m^2$、$\prod_{T2}^{D**}=3[\delta_1^2+4\beta_1 k_m(\alpha_1-$ $\beta_1 c_n)]^2/256\beta_1^3 k_m^2+3[\delta_2^2+4\beta_2 k_m(\alpha_2-\beta_2 c_r-\beta_2 A)]^2/256\beta_2^3 k_m^2$。

当 $0\leqslant t_1^D<t_1^{D*}$ 且 $0\leqslant t_2^D<t_2^{D*}$ 时，$\prod_{M2}^{D*}$、$\prod_{R2}^{D*}$ 与 $\prod_{T2}^{D*}$ 均随 t_1^D、t_2^D 的增大而变大；当 $t_1^{D*}<t_1^D\leqslant\dfrac{\delta_1+\sqrt{\delta_1^2+4\beta_1 k_m(\alpha_1-\beta_1 c_n)}}{2\beta_1 k_m}$ 且 $t_2^{D*}<t_2^D\leqslant\dfrac{\delta_2+\sqrt{\delta_2^2+4\beta_2 k_m[\alpha_2-\beta_2(c_r+A)]}}{2\beta_2 k_m}$ 时，$\prod_{M2}^{D*}$、$\prod_{R2}^{D*}$ 与 $\prod_{T2}^{D*}$ 均随 t_1^D、t_2^D 的增大而减小。

证明：因 q_{n2}^{D*} 与 q_{r2}^{D*} 相互独立且都不小于0，故有 $\prod_{M2}^{D*}=\dfrac{2}{\beta_1}(q_{n2}^{D*})^2+$ $\dfrac{2}{\beta_2}(q_{r2}^{D*})^2$，所以，当 q_{n2}^{D*} 与 q_{r2}^{D*} 均取最大值时，$\prod_{M2}^{D*}$ 达到最大，$\prod_{M2}^{D*}$ 与 q_{n2}^{D*}、q_{r2}^{D*} 的变化趋势保持一致。当 $t_1^D=t_1^{D*}=\delta_1/2\beta_1 k_m$ 且 $t_2^D=t_2^{D*}=\delta_2/2\beta_2 k_m$ 时，$\prod_{M2}^{D*}$ 达到最大值：$\prod_{M2}^{D**}=[\delta_1^2+4\beta_1 k_m(\alpha_1-\beta_1 c_n)]^2/128\beta_1^3 k_m^2+[\delta_2^2+4\beta_2 k_m$ $(\alpha_2-\beta_2 c_r-\beta_2 A)]^2/128\beta_2^3 k_m^2$；当 $0\leqslant t_1^D<t_1^{D*}$ 且 $0\leqslant t_2^D<t_2^{D*}$ 时，$\prod_{M2}^{D*}$ 随 t_1^D、

t_2^D 的增大而变大；当 $t_1^{D*} < t_1^D \leqslant \dfrac{\delta_1 + \sqrt{\delta_1^2 + 4\beta_1 k_m (\alpha_1 - \beta_1 c_n)}}{2\beta_1 k_m}$ 且 $t_2^{D*} < t_2^D \leqslant$

$\dfrac{\delta_2 + \sqrt{\delta_2^2 + 4\beta_2 k_m [\alpha_2 - \beta_2 (c_r + A)]}}{2\beta_2 k_m}$ 时，$\prod_{M2}^{D*}$ 随 t_1^D、t_2^D 的增大而减小。

同上可证明 $\prod_{R2}^{D*}$、$\prod_{T2}^{D*}$ 的相关结论，故原结论得证。

由结论 5-9 至结论 5-11 可知：在分散式决策模式下，生产商应选择最优产品担保期限组合 $t_1^{D*} = \delta_1/2\beta_1 k_m$、$t_2^{D*} = \delta_2/2\beta_2 k_m$ 对新产品与再制造产品进行担保，这样其产量均可达到最大，生产商、分销商与整个再制造闭环供应链也皆能获得最大利润。

（四）集中式决策

在集中式决策模式下，生产商与分销商作为一个整体进行统一决策，以再制造闭环供应链整体利润最大化为决策目标，此时再制造闭环供应链系统的决策问题表示如下：

$$\max_{p_n, p_r} \prod_{T2}^C = (p_n - c_n - k_m t_1^2)(\alpha_1 - \beta_1 p_n + \delta_1 t_1) + (p_r - c_r - k_m t_2^2 - A)(\alpha_2 - \beta_2 p_r + \delta_2 t_2)$$

$$(5-8)$$

由式（5-8）的一阶条件可得：

$$p_{n2}^{C*} = \frac{\alpha_1 + \beta_1 c_n + \delta_1 t_1 + \beta_1 k_m t_1^2}{2\beta_1}$$

$$p_{r2}^{C*} = \frac{\alpha_2 + \beta_2 c_r + \delta_2 t_2 + \beta_2 k_m t_2^2 + \beta_2 A}{2\beta_2}$$

继而可推算出：

$$q_{n2}^{C*} = \frac{\alpha_1 - \beta_1 c_n + \delta_1 t_1 - \beta_1 k_m t_1^2}{2}$$

$$q_{r2}^{C*} = \frac{\alpha_2 - \beta_2 c_r + \delta_2 t_2 - \beta_2 k_m t_2^2 - \beta_2 A}{2}$$

从而可得集中式决策模式下再制造闭环供应链的整体最优利润如下：

$$\prod_{T2}^{C*} = \frac{(\alpha_1 - \beta_1 c_n + \delta_1 t_1 - \beta_1 k_m t_1^2)^2}{4\beta_1} + \frac{(\alpha_2 - \beta_2 c_r + \delta_2 t_2 - \beta_2 k_m t_2^2 - \beta_2 A)^2}{4\beta_2}$$

结论5-12：相对于分散式决策，集中式决策下新产品与再制造产品的零售价更低、产量更大，而闭环供应链的总利润则更高。

证明：由 $p_{n2}^{D*} - p_{n2}^{C*} = \dfrac{3\alpha_1 + \beta_1 c_n + 3\delta_1 t_1 + \beta_1 k_m t_1^2}{4\beta_1} - \dfrac{\alpha_1 + \beta_1 c_n + \delta_1 t_1 + \beta_1 k_m t_1^2}{2\beta_1} = \dfrac{q_{n2}^{C*}}{2\beta_1} >$

0，可得 $p_{n2}^{D*} > p_{n2}^{C*}$，同理可证 $p_{r2}^{D*} > p_{r2}^{C*}$，$q_{n2}^{D*} < q_{n2}^{C*}$，$q_{r2}^{D*} < q_{r2}^{C*}$，$\prod_{T2}^{D*} < \prod_{T2}^{C*}$，故原结论得证。

结论5-13：在集中式决策模式下，p_{n2}^{C*} 与 t_1 正相关，而与 t_2 无关；p_{r2}^{C*} 与 t_2 正相关，而与 t_1 无关。

证明：过程同结论5-8。

结论5-14：在集中式决策模式下：

（1）q_{n2}^{C*} 与 t_2 无关，生产商对新产品提供担保期限为 $t_1^C \in$

$\left[0, \dfrac{\delta_1 + \sqrt{\delta_1^2 + 4\beta_1 k_m (\alpha_1 - \beta_1 c_n)}}{2\beta_1 k_m}\right]$。当 $t_1^C = t_1^{C*} = \delta_1/2\beta_1 k_m$ 时，q_{n2}^{C*} 达到最大：

$q_{n2}^{C**} = \dfrac{\delta_1^2 + 4\beta_1 k_m (\alpha_1 - \beta_1 c_n)}{8\beta_1 k_m}$；当 $0 \leqslant t_1^C < t_1^{C*}$ 时，q_{n2}^{C*} 随 t_1^C 的增大而变大；当

$t_1^{C*} < t_1^C \leqslant \dfrac{\delta_1 + \sqrt{\delta_1^2 + 4\beta_1 k_m (\alpha_1 - \beta_1 c_n)}}{2\beta_1 k_m}$ 时，q_{n2}^{C*} 随 t_1^C 的增大而变小。

（2）q_{r2}^{C*} 与 t_1 无关，再制造产品担保期限为 $t_2^C \in$

$\left[0, \dfrac{\delta_2 + \sqrt{\delta_2^2 + 4\beta_2 k_m (\alpha_2 - \beta_2 c_r - \beta_2 A)}}{2\beta_2 k_m}\right]$。当 $t_2^C = t_2^{C*} = \delta_2/2\beta_2 k_m$ 时，q_{r2}^{C*} 达到最

大：$q_{r2}^{C**} = \dfrac{\delta_2^2 + 4\beta_2 k_m (\alpha_2 - \beta_2 c_r - \beta_2 A)}{8\beta_2 k_m}$；当 $0 \leqslant t_2^C < t_2^{C*}$ 时，q_{r2}^{C*} 随 t_2^C 的增大而变

大；当 $t_2^{C*} < t_2^C \leqslant \dfrac{\delta_2 + \sqrt{\delta_2^2 + 4\beta_2 k_m [\alpha_2 - \beta_2 (c_r + A)]}}{2\beta_2 k_m}$ 时，q_{r2}^{C*} 随 t_2^C 的增大而减小。

（3）当 $t_1^C = t_1^{C*} = \delta_1/2\beta_1 k_m$ 且 $t_2^C = t_2^{C*} = \delta_2/2\beta_2 k_m$ 时，$\prod_{T2}^{C*}$ 达到最大：

$\prod_{T2}^{C*} = [\delta_1^2 + 4\beta_1 k_m (\alpha_1 - \beta_1 c_n)]^2/64\beta_1^3 k_m^2 + [\delta_2^2 + 4\beta_2 k_m (\alpha_2 - \beta_2 c_r - \beta_2 A)]^2/64\beta_2^3 k_m^2$；

当 $0 \leqslant t_1^C < t_1^{C*}$ 且 $0 \leqslant t_2^C < t_2^{C*}$ 时，$\prod_T^{C*}$ 随 t_1^C、t_2^{C*} 的增大而变大；当 $t_1^{C*} < t_1^C \leqslant$

$$\frac{\delta_1 + \sqrt{\delta_1^2 + 4\beta_1 k_m (\alpha_1 - \beta_1 c_n)}}{2\beta_1 k_m}, \text{ 且 } t_2^{C*} < t_2^C \leqslant \frac{\delta_2 + \sqrt{\delta_2^2 + 4\beta_2 k_m [\alpha_2 - \beta_2 (c_r + A)]}}{2\beta_2 k_m} \text{ 时,}$$

$\prod_T^{C*}$ 随 t_1^C、t_2^{C*} 的增大而减小。

证明：过程同结论 5-9 至结论 5-11。

由结论 5-12 至结论 5-14 可知：集中式与分散式决策模式相比，再制造闭环供应链的整体效率更高。在确定新产品与再制造产品的担保期限时，存在最优组合 $t_1^{C*} = \delta_1 / 2\beta_1 k_m$、$t_2^{C*} = \delta_2 / 2\beta_2 k_m$，此时新产品与再制造产品的产量均达到最大，而再制造闭环供应链整体也获得最大利润。

（五）确定协调策略

由结论 5-12 可知，分散式决策模式存在一定的效率损失，如新产品与再制造产品的零售价更高而产量则更低等。因此，要想提高再制造闭环供应链的整体效率，就需要在生产商与分销商之间引入收益共享契约，使分散式决策下再制造闭环供应链的总利润达到集中式决策下的水平。此时生产商以批发价 w_n^S、w_r^S 将新产品与再制造产品出售给分销商，销售结束后，分销商与生产商以 $\varphi(0 < \varphi < 1)$ 与 $1 - \varphi$ 的比例将销售收入进行分配。此时分销商与生产商的决策问题表示如下：

$$\max_{p_n, p_r} \prod_{R_2}^S = \varphi[p_n(\alpha_1 - \beta_1 p_n + \delta_1 t_1) + p_r(\alpha_2 - \beta_2 p_r + \delta_2 t_2)] -$$

$$w_n(\alpha_1 - \beta_1 p_n + \delta_1 t_1) - (w_r - b + A)(\alpha_2 - \beta_2 p_r + \delta_2 t_2) \quad (5-9)$$

$$\max_{p_n, p_r} \prod_{M2}^S = (w_n - c_n - k_m t_1^2)(\alpha_1 - \beta_1 p_n + \delta_1 t_1) + (w_r - c_r - k_m t_2^2 - b)$$

$$(\alpha_2 - \beta_2 p_r + \delta_2 t_2) + (1 - \varphi)[p_n(\alpha_1 - \beta_1 p_n + \delta_1 t_1) +$$

$$p_r(\alpha_2 - \beta_2 p_r + \delta_2 t_2)] \quad (5-10)$$

结论 5-15：在收益共享契约条件下，要使再制造闭环供应链在分散式决策模式下达到集中式决策模式下的效率，新产品与再制造产品的批发价应定为 $w_n^{S*} = \varphi(c_n + k_m t_1^2)$、$w_r^{S*} = \varphi(c_r + k_m t_2^2 + A) + b - A$，而要想使收益共享契约得到分销商与生产商的自愿执行，φ 需满足 $1/4 \leqslant \varphi \leqslant 1/2$。

证明：由式（5-9）的一阶条件可得出：

$$p_{n2}^{S*} = \frac{\alpha_1\varphi + \beta_1 w_n + \delta_1 t_1 \varphi}{2\beta_1\varphi}$$

$$p_{r2}^{S*} = \frac{\alpha_2\varphi + \beta_2 w_r + \delta_2 t_2 \varphi - \beta_2 b + \beta_2 A}{2\beta_2\varphi}$$

继而可得：

$$q_{n2}^{S*} = \frac{\alpha_1 - \beta_1 c_n + \delta_1 t_1 - \beta_1 k_m t_1^2}{2}$$

$$q_{r2}^{S*} = \frac{\alpha_2 - \beta_2 c_r + \delta_2 t_2 - \beta_2 k_m t_2^2 - \beta_2 A}{2}$$

为使收益共享契约条件下再制造闭环供应链在分散式决策模式下达到集中式决策模式下的效率，则需满足 $p_{n2}^{S*} = p_{n2}^{C*}$ 与 $p_{r2}^{S*} = p_{r2}^{C*}$，继而推导出：$w_{n2}^{S*} = \varphi(c_n + k_m t_1^2)$、$w_{r2}^{S*} = \varphi(c_r + k_m t_2^2 + A) + b - A$。

将 w_{n2}^{S*}、w_{r2}^{S*}、p_{n2}^{S*} 与 p_{r2}^{S*} 代入式（5-9）与式（5-10），即可得出收益共享契约条件下分销商与生产商的利润如下：

$$\prod_{R2}^{S*} = \frac{\varphi(\alpha_1 - \beta_1 c_n + \delta_1 t_1 - \beta_1 k_m t_1^2)^2}{4\beta_1} + \frac{\varphi(\alpha_2 - \beta_2 c_r + \delta_2 t_2 - \beta_2 k_m t_2^2 - \beta_2 A)^2}{4\beta_2}$$

$$\prod_{M2}^{S*} = \frac{(1-\varphi)(\alpha_1 - \beta_1 c_n + \delta_1 t_1 - \beta_1 k_m t_1^2)^2}{4\beta_1} + \frac{(1-\varphi)(\alpha_2 - \beta_2 c_r + \delta_2 t_2 - \beta_2 k_m t_2^2 - \beta_2 A)^2}{4\beta_2}$$

则有 $\prod_{T2}^{S*} = \prod_{R2}^{S*} + \prod_{M2}^{S*} = \prod_{T2}^{C*}$，说明该收益共享契约能够协调整个闭环供应链，并且可以提高分散式决策模式下整个闭环供应链的效率。

要使收益共享型契约在生产商与供应商中得到顺利实施，需满足二者在采用此契约条件下，各自的利润不低于分散式决策模式下的水平，即 $\prod_{M2}^{S*} \geq \prod_{M2}^{D*}$，$\prod_{R2}^{S*} \geq \prod_{R2}^{D*}$，由此可得 $1/4 \leq \varphi \leq 1/2$。故原结论得证。

此结论说明，只要 φ 满足 $1/4 \leq \varphi \leq 1/2$，分销商就会接受该收益共享契约与生产商合作，$\varphi$ 的具体取值则决定于分销商与生产商的协商结果。

结论5-16：在收益共享契约条件下：

（1）q_{n2}^{S*} 与 t_2 无关，生产商对新产品提供担保期限为 $t_1^S \in$

$$\left[0, \frac{\delta_1+\sqrt{\delta_1^2+4\beta_1 k_m(\alpha_1-\beta_1 c_n)}}{2\beta_1 k_m}\right]。当 t_1^S=t_1^{S*}=\delta_1/2\beta_1 k_m 时，q_{n2}^{S*} 达到最大：$$

$$q_{n2}^{S**}=\frac{\delta_1^2+4\beta_1 k_m(\alpha_1-\beta_1 c_n)}{8\beta_1 k_m}；当 0\leqslant t_1^S<t_1^{S*} 时，q_{n2}^{S*} 随 t_1^S 的增大而变大；当$$

$$t_1^{S*}<t_1^S\leqslant\frac{\delta_1+\sqrt{\delta_1^2+4\beta_1 k_m(\alpha_1-\beta_1 c_n)}}{2\beta_1 k_m}时，q_{n2}^{S*} 随 t_1^S 的增大而变小。$$

（2）q_{r2}^{S*} 与 t_1 无关，再制造产品担保期限为 $t_2^S\in$

$$\left[0, \frac{\delta_2+\sqrt{\delta_2^2+4\beta_2 k_m(\alpha_2-\beta_2 c_r-\beta_2 A)}}{2\beta_2 k_m}\right]。当 t_2^S=t_2^{S*}=\delta_2/2\beta_2 k_m 时，q_{r2}^{S*} 达到最$$

大：$q_{r2}^{S**}=\dfrac{\delta_2^2+4\beta_2 k_m(\alpha_2-\beta_2 c_r-\beta_2 A)}{8\beta_2 k_m}$；当 $0\leqslant t_2^S<t_2^{S*}$ 时，q_{r2}^{S*} 随 t_2^S 的增大而

变大；当 $t_2^{S*}<t_2^S\leqslant\dfrac{\delta_2+\sqrt{\delta_2^2+4\beta_2 k_m[\alpha_2-\beta_2(c_r+A)]}}{2\beta_2 k_m}$ 时，q_{r2}^{S*} 随 t_2^S 的增大而

减小。

（3）当 $t_1^S=t_1^{S*}=\delta_1/2\beta_1 k_m$ 且 $t_2^S=t_2^{S*}=\delta_2/2\beta_2 k_m$ 时，$\prod_{T2}^{S*}$ 达到最大：

$\prod_{T2}^{S*}=[\delta_1^2+4\beta_1 k_m(\alpha_1-\beta_1 c_n)]^2/64\beta_1^3 k_m^2+[\delta_2^2+4\beta_2 k_m(\alpha_2-\beta_2 c_r-\beta_2 A)]^2/64\beta_2^3 k_m^2$；

当 $0\leqslant t_1^S<t_1^{S*}$ 且 $0\leqslant t_2^S<t_2^{S*}$ 时，$\prod_{T2}^{S*}$ 随 t_1^S、t_2^S 的增大而变大；当 $t_1^{S*}<t_1^S\leqslant$

$\dfrac{\delta_1+\sqrt{\delta_1^2+4\beta_1 k_m(\alpha_1-\beta_1 c_n)}}{2\beta_1 k_m}$，且 $t_2^{S*}<t_2^S\leqslant\dfrac{\delta_2+\sqrt{\delta_2^2+4\beta_2 k_m[\alpha_2-\beta_2(c_r+A)]}}{2\beta_2 k_m}$ 时，

$\prod_{T2}^{S*}$ 随 t_1^S、t_2^S 的增大而减小。

证明：过程同结论 5-9 至结论 5-11。

由结论 5-15 和结论 5-16 可以看出，在生产商与分销商之间引入收益共享契约，通过调整新产品与再制造产品的批发价，可有效地提高再制造闭环供应链的整体利润，使其达到集中式决策时的水平；在引入收益共享契约条件下确定产品担保期限时，同样存在最优组合 $(t_1^{S*}, t_2^{S*})=(\delta_1/2\beta_1 k_m,$ $\delta_2/2\beta_2 k_m)$，可使新产品、再制造产品的产量与再制造闭环供应链内各主体的利润达到最大；同时要想使收益共享契约在生产商与分销商之间得到自愿执行，需保证两者利润至少不低于分散式决策模式下的水平。

（六）数值仿真分析

为进一步说明模型结论，下面将通过具体数值算例展开分析。假设某再制造闭环供应链的相关参数为 $c_n = 10$、$c_r = 3$、$A = 1$、$b = 2$、$\alpha_1 = 40$、$\alpha_2 = 20$、$\beta_1 = 1$、$\beta_2 = 0.8$、$\delta_1 = 0.4$、$\delta_2 = 0.6$、$k_m = 0.5$，分别取 $\varphi = 0.25$，…，$\varphi = 0.50$，则各变量的最优解如表 5-2 所示。

由表 5-2 可以看出，与分散式决策模式相比，集中式决策模式下的新产品、再制造产品的零售价均更低，而产量与再制造闭环供应链的总利润更高，由此验证了结论 5-12 的正确性。在收益共享契约模式下，当 $\varphi \in [0.25, 0.5]$ 时，生产商与分销商的利润均不低于分散式决策模式下的水平，并且随着 φ 值的增大，生产商的利润逐渐降低，分销商的利润日益升高，而闭环供应链的总利润与集中式决策模式下相等。这说明收益共享契约可在保证生产商与分销商既得利润的前提下，有效地提高了闭环供应链的整体效率，并且可以通过 φ 值的变化调整生产商与分销商的利润分配比例。

表 5-2　新产品、再制造产品均被提供担保时三种决策模式下的最优解

变量	分散式决策模式	集中式决策模式	收益共享契约中 φ 的取值					
			0.25	0.3	0.35	0.4	0.45	0.5
W_{n2}	30.94	—	2.66	3.19	3.72	4.25	4.78	5.31
W_{r2}	28.40	—	2.90	3.28	3.66	4.04	4.42	4.80
P_{n2}	41.09	30.94	30.94	30.94	30.94	30.94	30.94	30.94
P_{r2}	37.30	27.40	27.40	27.40	27.40	27.40	27.40	27.40
Q_{n2}	8.13	16.25	16.25	16.25	16.25	16.25	16.25	16.25
Q_{r2}	4.95	9.90	9.90	9.90	9.90	9.90	9.90	9.90
Π_{M2}	263.05	—	394.57	368.27	341.96	315.66	289.35	263.05
Π_{R2}	131.52	—	131.53	157.83	184.14	210.44	236.75	263.05
Π_{T2}	394.57	526.10	526.10	526.10	526.10	526.10	526.10	526.10

下面分析产品担保期限 t_1、t_2 对各种决策模式的影响：图 5-7（a）表明在分散式决策模式下，新产品批发价 w_{n2}^{D*} 与零售价 p_{n2}^{D*} 均随着担保期限 t_1 的延长而升高，而产量 q_{n2}^{D*} 则随着 t_1 的延长呈现先增大后减小之趋势。由图 5-7（b）可以看出 t_2 与 w_{r2}^{D*}、p_{r2}^{D*}、q_{r2}^{D*} 也有类似 t_1 与 w_{n2}^{D*}、p_{n2}^{D*}、q_{n2}^{D*} 的关系，由此验证了结论 5-8 至结论 5-10 的正确性。

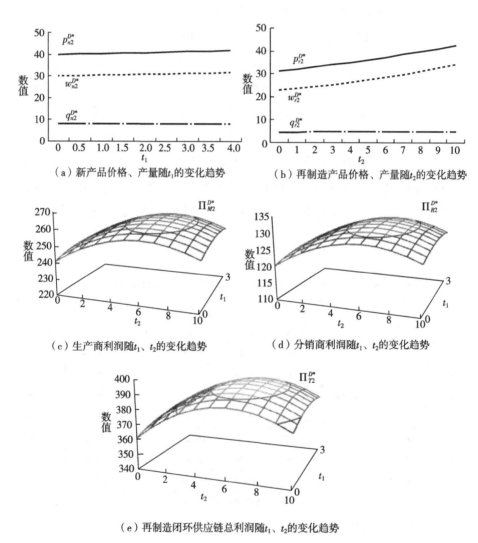

（a）新产品价格、产量随 t_1 的变化趋势　　（b）再制造产品价格、产量随 t_2 的变化趋势

（c）生产商利润随 t_1、t_2 的变化趋势　　（d）分销商利润随 t_1、t_2 的变化趋势

（e）再制造闭环供应链总利润随 t_1、t_2 的变化趋势

图 5-7　分散式决策模式下 t_1、t_2 对各变量的影响

由图 5-7（c）、（d）、（e）可以发现，生产商、分销商与再制造闭环供应链的总利润均随产品担保期限 t_1、t_2 的延长而呈现先增大后减小的趋势，即在特定的（t_1^{D*}，t_2^{D*}）组合处 $\prod_{M2}^{D*}$、$\prod_{R2}^{D*}$、$\prod_{T2}^{D*}$ 达到最大，从而验证了结论 5-11 的正确性。

图 5-8（a）显示了在集中式决策模式下，新产品零售价 p_{n2}^{C*} 随 t_1 的延长而增大，其产量 q_{n2}^{C*} 则与分散式决策模式下的变化趋势相同，即先增大后减小。图 5-8（b）说明再制造产品的销售价 p_{r2}^{C*} 与产量 q_{r2}^{C*} 随着 t_2 的变化趋势也与分散式决策模式下相类似。由图 5-8（c）可以看出，闭环供应链的总利润 $\prod_{T2}^{C*}$ 也随 t_1、t_2 的延长而先增大后减小，即在特定（t_1^{C*}，t_2^{C*}）组合处达到最大，由此证明了结论 5-12 至结论 5-14 的正确性。

图 5-9（a）展现了收益共享契约模式下，随着担保期限 t_1 的增大，新产品批发价 w_{n2}^{S*} 与零售价 p_{n2}^{S*} 逐渐升高，而产量 q_{n2}^{S*} 则出现先增大后减小的变化趋势。从图 5-9（b）可看出，再制造产品的批发价 w_{r2}^{S*}、零售价 p_{r2}^{S*}、销量 q_{r2}^{S*} 的变化趋势与分散式决策模式下相一致。图 5-9（c）、（d）、（e）说明在收益共享契约模式下，生产商、分销商与闭环供应链的总利润均随着担保期限 t_1、t_2 的增大而先升高后降低，即在特定（t_1^{S*}，t_2^{S*}）组合处三者的利润均达到最大，进一步证明了结论 5-15 和结论 5-16 的正确性。

由以上对三种决策模式的分析可知，新产品、再制造产品的产量与生产商、分销商、再制造闭环供应链的总利润均在特定担保期限组合（t_1^*，t_2^*）=（$\delta_1/2\beta_1 k_m$，$\delta_2/2\beta_2 k_m$）处取得最大值。

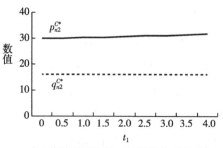

（a）新产品零售价、产量随t_1的变化趋势

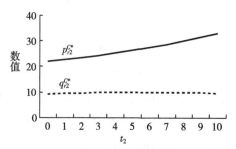

（b）再制造产品零售价、产量随t_2的变化趋势

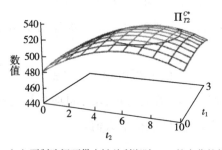

（c）再制造闭环供应链总利润随t_1、t_2的变化趋势

图 5-8　集中式决策模式下 t_1、t_2 对各变量的影响

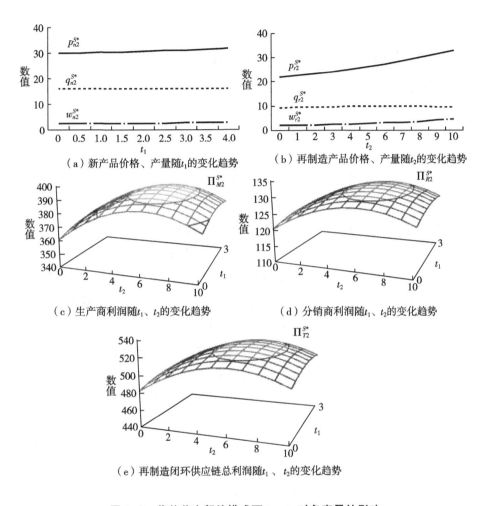

（a）新产品价格、产量随t_1的变化趋势　　　（b）再制造产品价格、产量随t_2的变化趋势

（c）生产商利润随t_1、t_2的变化趋势　　　（d）分销商利润随t_1、t_2的变化趋势

（e）再制造闭环供应链总利润随t_1、t_2的变化趋势

图 5-9　收益共享契约模式下 t_1、t_2 对各变量的影响

三、本章小结

当前学术界对再制造闭环供应链协调问题的研究虽已取得了一定成

果，但将产品担保因素引入协调机制设计的还不多见。由此，本章从产品担保对再制造闭环供应链的影响出发，对再制造闭环供应链的协调策略进行了分析。

首先，探讨了仅有再制造产品被提供担保的情况下，再制造闭环供应链的协调问题。通过比较分散式与集中式决策两种模式下系统内各主体的最优决策，发现分散式决策相对于集中式决策而言，存在一定的效率损失，需要在生产商和分销商间引入收益共享契约，通过对新产品和再制造产品批发价的调整，使生产商和分销商利润在不小于分散式决策的情况下，再制造闭环供应链的整体利润达到集中式决策时的水平。

其次，研究了新产品、再制造产品均被提供担保的情况下，再制造闭环供应链的协调机制选择。也通过比较分散式与集中式决策两种模式下系统内各主体的最优决策，发现：随着新产品与再制造产品担保期限的延长，其批发价、零售价均随之升高，而产量与生产商、分销商以及再制造闭环供应链的整体利润则呈现先增大后减小的趋势，在特定担保期限组合处取得最大值；随着担保期限的延长，相对于分散式决策，集中式决策下新产品与再制造产品的零售价更低且产量更大，再制造闭环供应链的整体利润更高。由此，为提高分散式决策模式下再制造闭环供应链的效率，就需要在生产商与分销商之间引入收益共享契约，通过调整新产品与再制造产品的批发价，使其在各自既得利润得到保证的前提下，闭环供应链的整体收益得到有效的提高，达到集中式决策模式下的水平。

第六章

总结与展望

一、研究成果

由于再制造产品具有一定的不完美特性，在销售过程中需附带产品担保服务以提高消费者的购买意愿，但同时会产生一定的担保成本，对再制造闭环供应链的整体运行产生影响。再制造闭环供应链是发展再制造产业的基础，也是循环经济的重要组成部分，当前已成为学术界关注的热点问题，并取得了一定的研究成果，不过大部分学者对再制造闭环供应链问题的研究并没有给予产品担保以足够的关注，对再制造产品担保问题进行的专项研究更是较为少见。由此，本书从产品担保的视角出发，运用博弈理论与最优化理论等研究方法，通过数学模型的构建与分析，探讨了再制造闭环供应链内各主体提供担保的决策边界、最优担保责任主体的选择以及加入产品担保因素的再制造闭环供应链协调等问题，不仅丰富补充了再制造闭环供应链管理的相关理论，也为我国从事再制造生产运营的相关企业提供决策支持，帮助其在获得经济效益的同时实现社会效益的优化。

本书的研究成果如下：

（一）确定了再制造闭环供应链内担保决策的边界条件

通过比较生产商对再制造产品是否提供担保的收益情况，分析其对再制造产品提供担保的决策边界条件；进一步扩展产品担保的服务对象，探讨生产商对新产品、再制造产品同时提供担保的决策边界条件。结果发现：生产商是否提供担保服务取决于担保期限对产品需求量的影响系数 δ，只有当 δ 处于特定范围内，提供担保服务才可获得更高的收益，生产商才会自愿对再制造闭环供应链内的相应产品提供担保。

（二）明确了再制造产品担保责任主体的选择依据

在生产商、分销商或再制造闭环供应链对再制造产品担保期限相同的条件下，通过构建各自的收益目标函数，应用最优化理论求解各模型中再制造产品的最优定价、销量以及系统收益，并对其进行比较，选择能使系统收益达到最高的作为担保服务的责任主体；在上述三方提供不同期限担保的条件下，对产品担保责任主体的选择进行优化。结果发现：最优主体的选择取决于再制造闭环供应链内各方单位担保成本的对比关系，分销商与再制造闭环供应链均可在特定环境下成为系统内的最优担保责任主体。

（三）设计了加入产品担保因素的再制造闭环供应链协调策略

在对再制造产品提供担保和再制造产品、新产品均提供担保的条件下，研究了分散式决策模式与集中式决策模式的运行过程，发现分散式与集中式决策模式相比，再制造闭环供应链系统的整体运行效率均会有所损失；在生产商与分销商之间引入收益共享契约，可调整新产品与再制造产品的批发价，使其在各自既得利润得到确保的前提下，再制造闭环供应链的整体收益达到集中式决策时的水平，实现再制造闭环供应链系统的协调。

（四）优化了再制造闭环供应链内产品担保服务的期限范围

在界定担保边界条件、明确担保责任主体以及设计再制造闭环供应链协调策略的过程中，通过对再制造闭环供应链内各主体收益的分析，对新产品、再制造产品的担保期限进行了优化。结果发现：最优产品担保期限的选择取决于再制造闭环供应链的具体环境条件，环境条件发生变化，产品担保的最优期限也随之改变。

二、未来研究展望

本书引入担保的再制造闭环供应链运行机制分析，拓展了新的研究方向。我们不仅要在理论上应用多学科的知识、方法发展完善加入产品担保因素的再制造闭环供应链运行机制，更要在实践中结合生产运营的具体要求，进行更为深入、具体与可操作性的实证研究。

（一）基于多维产品担保的再制造闭环供应链决策研究

在现实生活中，很多产品的担保服务是属于多维产品担保的，如对于汽车的担保服务，一般会从使用时间、行驶里程两个维度进行衡量，由此在再制造闭环供应链的研究中考虑多维产品担保服务将是进一步研究的方向。

（二）竞争性环境下的再制造闭环供应链担保决策研究

当再制造闭环供应链内存在多个竞争的生产商、分销商以及第三方服务商时，其运作机制将比由单个生产商、分销商以及第三方服务商构成的再制造闭环供应链更为复杂，但这也更符合现实中企业的运营情况，需要进一步深入、系统的研究。

（三）引入延长担保的再制造闭环供应链决策研究

当前对再制造闭环供应链内产品担保的研究大多都从基本担保的角度出发进行分析的，在实际生产运营中，除基本担保外，产品还有可能被提供延长担保服务，并且基本担保与延长担保服务的提供方可能为同一主体，也有可能为不同的主体，这些都会对再制造闭环供应链的运行产生复杂的影响，需要进一步的研究探讨。

注释表

c 产品的生产成本

w 产品的批发价

p 产品的零售价

A EOL 产品的回收价

b EOL 产品的回购价

ρ EOL 产品的回收率

t 产品的担保期限

D 产品的市场需求量

q 产品的产量

β 产品价格对需求量的影响系数

δ 担保期限对产品需求量的影响系数

φ 生产商产品担保投资规模系数

k 担保期限对单位产品担保成本的影响系数

ν 消费者对产品的支付意愿

θ 消费者对再制造产品的接受程度

Π_M 生产商利润

Π_R 分销商利润

Π_T 再制造闭环供应链总利润

φ 收益共享契约中分销商利润占再制造闭环供应链总利润的比例

参考文献

［1］徐滨士．再制造与循环经济［M］．北京：科学出版社，2007．

［2］徐滨士，刘世参，史佩京．推进再制造工程管理，促进循环经济发展［J］．管理学报，2004，1（1）：28-31．

［3］徐滨士．绿色再制造工程的发展现状和未来展望［J］．中国工程科学，2011，13（1）：4-10．

［4］Guide J V D R，Jayaraman V，Srivastava R，et al. Supply-chain management for recoverable manufacturing systems［J］. Interfaces，2000，30（30）：125-142．

［5］刘渤海．再制造产业发展过程中的若干运营管理问题研究［D］．合肥工业大学，2012．

［6］丁雪峰．考虑异质需求的再制造产品最优定价策略研究［D］．重庆大学，2010．

［7］Hutchens S P，Hawes J M. Consumer interest in remanufactured products：A segmentation study［J］. Akron Business and Economic Review，1985，16（1）：18-23．

［8］于俭．对产品保证战略问题的研究［J］．杭州电子科技大学学报（社会科学版），2006，2（3）：117-121．

［9］Thierry M，Salomon M，Van Nunen J，et al. Strategie issues in product recovery management［J］. California Management Review，1995，37（2）：114-135．

［10］ Fleischmann M, Krikke H R, Dekker R, et al. A characterisation of logistics networks for product recovery ［J］. Omega, 2000, 28 (6): 653-666.

［11］ Shih L H. Reverse logistics system planning for recycling electrical appliances and computers in Taiwan ［J］. Resources, Conservation and Recycling, 2001, 32 (1): 55-72.

［12］ Krikke H, Bloemhof-Ruwaard J, Van Wassenhove L N. Concurrent product and closed-loop supply chain design with an application to refrigerators ［J］. International Journal of Production Research, 2003, 41 (16): 3689-3719.

［13］ Listes O, Dekker R. A stochastic approach to a case study for product recovery network design ［J］. European Journal of Operational Research, 2005, 160 (1): 268-287.

［14］ Salema M I G, Barbosa-Povoa A P, Novais A Q. An optimization model for the design of a capacitated multi-product reverse logistics network with uncertainty ［J］. European Journal of Operational Research, 2007, 179 (3): 1063-1077.

［15］ Min H, Ko H J. The dynamic design of a reverse logistics network from the perspective of third-party logistics service providers ［J］. International Journal of Production Economics, 2008, 113 (1): 176-192.

［16］ Srivastava S K. Network design for reverse logistics ［J］. Omega, 2008, 36 (4): 535-548.

［17］ Francas D, Minner S. Manufacturing network configuration in supply chains with product recovery ［J］. Omega, 2009, 37 (4): 757-769.

［18］ Sasikumar P, Kannan G, Haq A N. A multi-echelon reverse logistics network design for product recovery - a case of truck tire remanufacturing ［J］. The International Journal of Advanced Manufacturing Technology, 2010, 49 (9-12): 1223-1234.

［19］ Pishvaee M S, Rabbani M, Torabi S A. A robust optimization approach to closed – loop supply chain network design under uncertainty [J]. Applied Mathematical Modelling, 2011, 35 (2): 637-649.

[20] Subramanian P, Ramkumar N, Narendran T T, et al. PRISM: PRlority based SiMulated annealing for a closed loop supply chain network design problem [J]. Applied Soft Computing, 2013, 13 (2): 1121-1135.

[21] Kannan D, Jafarian A, Nourbakhsh V. Designing a sustainable closed – loop supply chain network based on triple bottom line approach [J]. European Journal of Operational Research, 2014, 235 (3): 594-615.

[22] Subulan K, Baykasoğlu A, Özsoydan F B, et al. A case – oriented approach to a lead/acid battery closed-loop supply chain network design under risk and uncertainty [J]. Journal of Manufacturing Systems, 2015 (37): 340-361.

[23] Jeihoonian M, Zanjani M K, Gendreau M. Accelerating benders decomposition for closed-loop supply chain network design: case of used durable products with different quality levels [J]. European Journal of Operational Research, 2016, 251 (3): 830-845.

[24] Keyvanshokooh E, Ryan S M, Kabir E. Hybrid robust and stochastic optimization for closed-loop supply chain network design using accelerated Benders decomposition [J]. European Journal of Operational Research, 2016, 249 (1): 76-92.

[25] Jabbarzadeh A, Haughton M, Khosrojerdi A. Closed – loop supply chain network design under disruption risks: A robust approach with real world application [J]. Computers & Industrial Engineering, 2018 (116): 178-191.

[26] Hajiaghaei-Keshteli M, Fard A M F. Sustainable closed-loop supply chain network design with discount supposition [J]. Neural Computing and Applications, 2019, 31 (9): 5343-5377.

[27] Yolmeh A, Saif U. Closed-loop supply chain network design integrated with assembly and disassembly line balancing under uncertainty: An enhanced

decomposition approach [J]. International Journal of Production Research, 2021, 59 (9): 2690-2707.

[28] Abad A, Pasandideh S. Green closed-loop supply chain network design: A novel bi-objective chance-constraint approach [J]. RAIRO: Recherche Opérationnelle, 2021 (55): 811.

[29] 达庆利, 黄祖庆, 张钦. 逆向物流系统结构研究的现状及展望 [J]. 中国管理科学, 2004, 12 (1): 131-138.

[30] 顾巧论, 陈秋双. 再制造/制造系统集成物流网络及信息网络研究 [J]. 计算机集成制造系统, 2004, 10 (7): 721-726.

[31] 孙沛涛, 孙俊清. 闭环供应链的网络设计问题研究 [J]. 天津理工大学学报, 2005, 21 (4): 78-81.

[32] 代颖, 马祖军. 基于现值法的制造/再制造集成物流网络设计 [J]. 西南交通大学学报, 2007, 42 (2): 249-254.

[33] 伍星华, 王旭, 林云. 废旧产品回收再制造物流网络的优化设计模型 [J]. 计算机工程与应用, 2010, 46 (26): 22-24.

[34] 元方, 李华. 基于再制造的动态闭环供应链网络优化设计 [J]. 中国制造业信息化, 2008, 37 (23): 1-5.

[35] 孙浩. 制造/再制造集成物流网络设施选址模型及算法 [J]. 工业工程与管理, 2009, 14 (3): 70-77.

[36] 房巧红, 陈功玉. 再制造逆向物流网络的机会约束目标规划模型 [J]. 工业工程与管理, 2010, 15 (1): 74-81.

[37] 刘妍. 再制造闭环供应链网络设计问题 [D]. 浙江工业大学, 2010.

[38] 李帅, 郭海峰. 电子商务闭环供应链配送中心选址及路径优化网络设计 [J]. 沈阳理工大学学报, 2013, 32 (6): 1-7.

[39] 杨玉香, 汤易兵, 吴增源, 等. 再制造闭环供应链间竞争下的网络优化设计模型研究 [J]. 机械工程学报, 2014 (20): 205-212.

[40] 袁晓丽, 王长琼. 考虑碳足迹的闭环供应链网络优化研究 [J].

武汉理工大学学报（交通科学与工程版），2014（2）：437-441.

［41］高举红，王瑞，王海燕．碳补贴政策下闭环供应链网络优化［J］．计算机集成制造系统，2015，21（11）：3033-3040.

［42］王春阳，杨斌，朱小林．基于低碳理念的多目标闭环供应链网络设计［J］．工业工程，2016，19（3）：37-44.

［43］李进．低碳环境下闭环供应链网络设计多目标鲁棒模糊优化问题［J］．控制与决策，2018，33（2）：293-300.

［44］张桂涛，曲箫宇，戴更新，胡劲松，王永波，孙浩．考虑再制造设计水平的多期闭环供应链网络均衡［J］．中国管理科学，2018，26（8）：54-66.

［45］徐明姣，周岩．考虑后悔规避零售商的闭环供应链网络均衡研究［J］．软科学，2018，32（9）：138-144.

［46］袁猛，程发新，徐静．碳排放权约束下风险规避型闭环供应链网络均衡决策［J］．软科学，2018，32（11）：138-144.

［47］张鑫，赵刚，李伯棠．可持续闭环供应链网络设计的多目标模糊规划问题［J］．控制理论与应用，2020，37（3）：513-527.

［48］顾秋阳，琚春华，吴功兴．考虑碳排放量与数量折扣的闭环供应链网络设计与多目标决策优化研究［J］．控制理论与应用，2021，38（3）：349-363.

［49］董海，吴瑶．基于 PIWOA 的绿色闭环供应链网络多目标模糊优化设计［J］．工业工程，2021，24（4）：27-35.

［50］李鹏宇，徐士琴，韩继业．带有环境指示因子的闭环供应链网络均衡的互补模型研究［J］．运筹与管理，2021，30（5）：38-45.

［51］管情，杨玉香．不确定碳税下考虑原材料替代的低碳闭环供应链网络设计［J］．数学的实践与认识，2021，51（21）：68-81.

［52］杨玉香，管情，张宝友，孟丽君，于艳娜．碳税政策下闭环供应链网络均衡分析［J］．中国管理科学，2022，30（1）：185-195.

［53］赵京彪，曲朋朋，周岩．考虑成本信息不对称的闭环供应链网

络均衡［J］. 系统工程学报，2022，37（6）：749-765.

［54］Fleischmann M. Reverse logistics network structures and design ［R］. ERIM Report Series Research in Management，2001，ERS - 2001 - 52-LI.

［55］Savaskan R C，Bhattacharya S，Van Wassenhove L N. Closed-loop supply chain models with product remanufacturing ［J］. Management Science，2004，50（2）：239-252.

［56］Savaskan R C，Van Wassenhove L N. Reverse channel design：the case of competing retailers ［J］. Management Science，2006，52（1）：1-14.

［57］姚卫新. 再制造条件下逆向物流回收模式的研究 ［J］. 管理科学，2004，17（1）：76-79.

［58］孙国华，陈秋双，徐海涛，等. 再制造/制造集成系统中的制造商—零售商协调决策问题 ［J］. 计算机集成制造系统，2006，12（1）：127-132.

［59］魏洁. 生产者责任延伸制下的企业回收逆向物流研究 ［D］. 西南交通大学，2006.

［60］王发鸿，达庆利. 电子行业再制造逆向物流模式选择决策分析 ［J］. 中国管理科学，2006，14（6）：44-49.

［61］周垂日. 逆向物流管理的问题研究 ［D］. 中国科学技术大学，2006.

［62］葛静燕，黄培清，李娟. 社会环保意识和闭环供应链定价策略——基于纵向差异模型的研究 ［J］. 工业工程与管理，2007，12（4）：6-10.

［63］易余胤. 不同市场力量下的再制造闭环供应链决策研究 ［J］. 商业经济与管理，2008（7）：24-30.

［64］易余胤. 具竞争零售商的再制造闭环供应链模型研究 ［J］. 管理科学学报，2009，12（6）：45-54.

［65］韩小花. 再制造的闭环供应链回收渠道的决策研究 ［D］. 暨南

大学，2008.

[66] 高阳，李辉. 基于回收质量不确定的闭环供应链回收渠道选择 [J]. 工业技术经济，2011，30（11）：5-11.

[67] 洪宪培，王宗军，赵丹. 闭环供应链定价模型与回收渠道选择决策 [J]. 管理学报，2012，9（12）：1848-1855.

[68] 孙嘉轶，滕春贤，陈兆波. 基于回收价格与销售数量的再制造闭环供应链渠道选择模型 [J]. 系统工程理论与实践，2013，33（12）：3079-3086.

[69] 宋敏，黄敏，王兴伟. 基于链链竞争的闭环供应链渠道结构选择策略 [J]. 控制与决策，2013（8）：1247-1252.

[70] 安彤，周海云. 政府干涉下闭环供应链的回收渠道选择策略 [J]. 工业工程，2015（3）：42-47.

[71] 舒秘，聂佳佳. 产能约束对闭环供应链回收渠道选择的影响 [J]. 运筹与管理，2015（4）：52-57.

[72] 李晓静，艾兴政，唐小我. 竞争性供应链下再制造产品的回收渠道研究 [J]. 管理工程学报，2016（3）：90-98.

[73] Feng L, Govindan K, Li C. Strategic planning: Design and coordination for dual-recycling channel reverse supply chain considering consumer behavior [J]. European Journal of Operational Research, 2017, 260 (2): 601-612.

[74] Li C, Feng L, Luo S. Strategic introduction of an online recycling channel in the reverse supply chain with a random demand [J]. Journal of Cleaner Production, 2019, 236 (1): 1-13.

[75] Yan Z A, Wengju Z, Yuan N. EPR system based on a reward and punishment mechanism: Producer-led product recycling channels [J]. Waste Management, 2020, 103: 198-207.

[76] 范定祥，李重莲，王晓蕾. 基于 Stackelberg 博弈的闭环供应链回收模式选择及其优化研究 [J]. 运筹与管理，2021，30（4）：135-141.

［77］郭三党，荆亚倩，李倩．考虑政府补贴和不同回收渠道的再制造闭环供应链最优决策研究［J］．工业工程，2022，25（1）：19-27.

［78］王珊珊，秦江涛．政府补贴下双渠道闭环供应链回收渠道的选择研究［J］．系统科学与数学，2022，42（10）：2756-2773.

［79］Ferrer G, Swaminathan J M. Managing new and remanufactured products［J］. Management Science, 2006, 52（1）：15-26.

［80］Guide J V D R, Teunter R H, Van Wassenhove L N. Matching demand and supply to maximize profits from remanufacturing［J］. Manufacturing & Service Operations Management, 2003, 5（4）：303-316.

［81］Ray S, Boyaci T, Aras N. Optimal prices and trade-in rebates for durable, remanufacturable products［J］. Manufacturing & Service Operations Management, 2005, 7（3）：208-228.

［82］Mitra S. Revenue management for remanufactured products［J］. Omega, 2007, 35（5）：553-562.

［83］Liang Y, Pokharel S, Lim G H. Pricing used products for remanufacturing［J］. European Journal of Operational Research, 2009, 193（2）：390-395.

［84］Wei J, Zhao J. Pricing decisions with retail competition in a fuzzy closed-loop supply chain［J］. Expert Systems with Applications, 2011, 38（9）：11209-11216.

［85］Wu C H. OEM product design in a price competition with remanufactured product［J］. Omega, 2013, 41（2）：287-298.

［86］Jena S K, Sarmah S P. Price competition and co-operation in a duopoly closed-loop supply chain［J］. International Journal of Production Economics, 2014, 156：346-360.

［87］Li J, Wang Q, Yan H, et al. Optimal remanufacturing and pricing strategies under name-your-own-price auctions and stochastic demand［J］. Asia-Pacific Journal of Operational Research, 2016, 33（1）：1650004.

［88］Gu X, Ieromonachou P, Zhou L, et al. Developing pricing strategy to optimise total profits in an electric vehicle battery closed loop supply chain ［J］. Journal of Cleaner Production, 2018, 203: 376-385.

［89］Jafari H. Sustainable development by reusing of recyclables in a textile industry including two collectors and three firms: A game-theoretic approach for pricing decisions ［J］. Journal of Cleaner Production, 2019, 229: 598-610.

［90］Wu D, Chen J, Yan R, et al. Pricing strategies in dual-channel reverse supply chains considering fairness concern ［J］. International Journal of Environmental Research and Public Health, 2019, 16 (9): 1657.

［91］王玉燕, 李帮义, 申亮. 基于博弈论的闭环供应链定价模型分析 ［J］. 南京航空航天大学学报, 2008, 40 (2): 275-278.

［92］公彦德, 李帮义, 乐菲菲. 三级闭环供应链下的定价与回购策略整合研究 ［J］. 工业技术经济, 2008, 27 (2): 87-90.

［93］熊中楷, 张洪艳. 不对称信息下闭环供应链的定价策略 ［J］. 工业工程, 2009, 12 (3): 39-42.

［94］王文宾, 达庆利. 考虑市场细分的闭环供应链生产与定价策略 ［J］. 控制与决策, 2009, 24 (5): 675-679.

［95］包晓英, 唐志英, 唐小我. 基于回收再制造的闭环供应链差异定价策略及协调 ［J］. 系统管理学报, 2010, 19 (5): 546-552.

［96］林欣怡, 孙浩, 达庆利. 随机环境下再制造产品的定价策略研究 ［J］. 运筹与管理, 2012, 21 (3): 148-153.

［97］周占峰. 政府补贴下再制造逆向供应链产品回收定价策略研究 ［J］. 物流技术, 2012, 31 (19): 122-123.

［98］郭军华, 杨丽, 李帮义, 等. 不确定需求下的再制造产品联合定价决策 ［J］. 系统工程理论与实践, 2013, 33 (8): 1949-1955.

［99］徐峰, 侯云章, 高俊. 电子商务背景下制造商渠道定价与再制造策略研究 ［J］. 管理科学, 2014, 27 (2): 74-81.

［100］高攀, 王旭, 景熠, 等. 基于异质需求的再制造与翻新产品差

异定价策略 [J]. 计算机集成制造系统, 2014, 20 (9): 2134-2145.

[101] 张维霞, 郭军华, 朱佳翔. 政府约束下的双渠道再制造闭环供应链定价决策 [J]. 华东交通大学学报, 2015 (2): 78-86.

[102] 韩秀平, 陈东彦, 陈德慧, 等. 再制造率随机的闭环供应链产品差别定价策略 [J]. 控制与决策, 2015, 30 (11): 2019-2024.

[103] 伍颖, 熊中楷. 竞争环境中基于异质消费群体的再制造定价策略 [J]. 工业工程, 2015, 18 (2): 34-40.

[104] 许民利, 莫珍连, 简惠云, 等. 考虑低碳消费者行为和专利保护的再制造产品定价决策 [J]. 控制与决策, 2016, 31 (7): 1237-1246.

[105] 曹晓刚, 郑本荣, 闻卉. 基于 DFD 的再制造系统生产及定价联合决策研究 [J]. 管理工程学报, 2016, 30 (1): 117-123.

[106] Sahin F, Robinson E P. Flow coordination and information sharing in supply chains: review, implications, and directions for future research [J]. Decision Sciences, 2002, 33 (4): 505-536.

[107] Cachon G P. Supply chain coordination with contracts [J]. Handbooks in Operations Research and Management Science, 2003, 11: 227-339.

[108] 庄品, 王宁生. 供应链协调机制研究 [J]. 工业技术经济, 2004, 23 (3): 71-73.

[109] Moinzadeh K, Ingene C. An inventory model of immediate and delayed delivery [J]. Management Science, 1993, 39 (5): 536-548.

[110] Padmanabhan V, Png I P L. Manufacturer's return policies and retail competition [J]. Marketing Science, 1997, 16 (1): 81-94.

[111] Tsay A A, Lovejoy W S. Quantity flexibility contracts and supply chain performance [J]. Manufacturing & Service Operations Management, 1999, 1 (2): 89-111.

[112] Hugos M. Supply chain coordination [M]. Essentials of Supply Chain Management, Third Edition, New York: Wiley, 2011: 183-211.

[113] Weiguo Z, Junhui F, Hongyi L, et al. Coordination of supply chain

with a revenue-sharing contract under demand disruptions when retailers compete [J]. International Journal of Production Economics, 2012, 138 (1): 68-75.

［114］Inderfurth K, Clemens J. Supply chain coordination by risk sharing contracts under random production yield and deterministic demand [J]. OR Spectrum, 2014, 36 (2): 525-556.

［115］Saha S, Goyal S K. Supply chain coordination contracts with inventory level and retail price dependent demand [J]. International Journal of Production Economics, 2015, 161: 140-152.

［116］Chen J, Bell P C. Coordinating a decentralized supply chain with customer returns and price-dependent stochastic demand using a buyback policy [J]. European Journal of Operational Research, 2011, 212 (2): 293-300.

［117］Yingfei Z, Shuxia Z, Xiaojing C, et al. Application of modified shapley value in gains allocation of closed-loop supply chain under third-party reclaim [J]. Energy Procedia, 2011, 5: 980-984.

［118］郭亚军, 赵礼强, 李绍江. 随机需求下闭环供应链协调的收入费用共享契约研究 [J]. 运筹与管理, 2007, 16 (6): 15-20.

［119］邱若臻, 黄小原. 具有产品回收的闭环供应链协调模型 [J]. 东北大学学报 (自然科学版), 2007, 28 (6): 883-886.

［120］葛静燕, 黄培清. 基于博弈论的闭环供应链定价策略分析 [J]. 系统工程学报, 2008, 23 (1): 111-115.

［121］张克勇, 周国华. 非对称信息下闭环供应链差别定价协调机制 [J]. 山东大学学报 (理学版), 2009 (2): 60-64.

［122］王玉燕. 回购契约下闭环供应链对突发事件的协调应对 [J]. 运筹与管理, 2009, 18 (6): 46-52.

［123］易余胤. 不同主导力量下的闭环供应链模型 [J]. 系统管理学报, 2010, 19 (4): 389-396.

［124］张克勇, 周国华. 第三方负责回收的闭环供应链差别定价协调契约设计 [J]. 工业工程, 2011, 14 (1): 28-32.

［125］易余胤，袁江．渠道冲突环境下的闭环供应链协调定价模型［J］．管理科学学报，2012，15（1）：54-65.

［126］许茂增，唐飞．基于第三方回收的双渠道闭环供应链协调机制［J］．计算机集成制造系统，2013，19（8）：2083-2089.

［127］周海云，杜纲，安彤．政府干涉下双渠道营销的闭环供应链协调［J］．华东经济管理，2014（1）：138-142.

［128］张汉江，甘兴，赖明勇．最优价格与回收努力激励的闭环供应链协调［J］．系统工程学报，2015，30（2）：201-209.

［129］韩小花，吴海燕，杨倩霞．成本与需求同时扰动下竞争型闭环供应链的生产与协调决策［J］．系统管理学报，2016，25（3）：546-555.

［130］Blischke W R. Mathematical models for analysis of warranty policies ［J］. Mathematical & Computer Modelling, 1990, 13（7）：1-16.

［131］Blischke W R, Murthy D N P. Product warranty management-I：A taxonomy for warranty policies ［J］. European Journal of Operational Research, 1992, 62（2）：127-148.

［132］Murthy D N P, Blischke W R. Product warranty management-II：An integrated framework for study ［J］. European Journal of Operational Research, 1992, 62（3）：261-281.

［133］Murthy D N P, Blischke W R. Product warranty management-III：A review of mathematical models ［J］. European Journal of Operational Research, 1992, 63（1）：1-34.

［134］Chukova S S, Dimitrov B N, Rykov V V. Warranty analysis（review）［J］. Journal of Soviet Mathematics, 1993, 67（6）：3486-3508.

［135］Thomas M U, Rao S S. Warranty economic decision models：A summary and some suggested directions for future research ［J］. Operations Research, 1999, 47（6）：807-820.

［136］Murthy D N P, Djamaludin I. New product warranty：A literature review ［J］. International Journal of Production Economics, 2002, 79（3）：

231-260.

［137］ Blischke W R, Murthy D N P. Warranty cost analysis ［M］. New York: Marcel Dekker, Inc. , 1994: 781-784.

［138］郑永强. 基于特征映射的产品保证成本优化方法研究 ［D］. 天津大学, 2006.

［139］ Blischke W R, Murthy D N P. Product Warranty Handbook ［M］. New York: Marcel Dekker, Inc. , 1996.

［140］ Murthy D N P, Jack N. Handbook of reliability engineering ［M］. New York: Wiley, 2003: 305-316.

［141］熊敏. 浅议企业产品担保策略 ［J］. 企业经济, 1999 （4）: 34-35.

［142］ Heck W R. Accounting for warranty costs ［J］. Accounting Review, 1963, 38 （3）: 577-578.

［143］ Lowerre M S. On warranties ［J］. Journal of Industrial Engineering, 1969, 19 （3）: 359-360.

［144］ Blischke W R, Murthy D N P. Reliability ［M］. New York: Wiley, 2000.

［145］ Kijima M, Sumita U. A useful generalization of renewal theory: Counting processes governed by non-negative markovian increments ［J］. Journal of Applied Probability, 1986, 23 （1）: 71-88.

［146］ Iskandar B P. Modelling and analysis of two dimensional warranties policies ［D］. Doctoral Dissertation, The University of Queensland, Australia, 1993.

［147］ Murthy D N P, Djamaludin I, Wilson R J. A consumer incentive warranty policy and servicing strategy for products with uncertain quality ［J］. Quality and Reliability Engineering International, 1995, 11 （3）: 155-163.

［148］ Moskowitz H, Chun Y H. A poisson regression model for two-attribute warranty policies ［J］. Naval Research Logistics （NRL）, 1994, 41 （3）:

355-376.

[149] Singpurwalla N D, Wilson S P. Failure models indexed by two scales [J]. Advances in Applied Probability, 1998, 30 (4): 1058-1072.

[150] Kaminskiy M P, Krivtsov V V. G-renewal process as a model for statistical warranty claim prediction [C]. Reliability and Maintainability Symposium, Proceedings Annual. IEEE, 2000: 276-280.

[151] Sahin I, Polatoglu H. Manufacturing quality, reliability and preventive maintenance [J]. Production & Operations Management, 1996, 5 (2): 132-147.

[152] Polatoglu H, Sahin I. Probability distributions of cost, revenue and profit over a warranty cycle [J]. European Journal of Operational Research, 1998, 108 (1): 170-183.

[153] Kim H G, Rao B M. Expected warranty cost of two-attribute free-replacement warranties based on a bivariate exponential distribution [J]. Computers & Industrial Engineering, 2000, 38 (4): 425-434.

[154] Iskandar B P. Modelling and analysis of two dimensional warranties policies [D]. Doctoral Dissertation, The University of Queensland, Australia, 1993.

[155] Iskandar B P, Wilson R J, Murthy D N P, et al. Two-dimensional combination warranty policies [J]. RAIRO - Operations Research, 1994, 28 (28): 57-75.

[156] Padmanabhan V, Rao R C. Warranty policy and extended service contracts: Theory and an application to automobiles [J]. Marketing Science, 1993, 12 (3): 230-247.

[157] Mitra A, Patankar J G. Market share and warranty costs for renewable warranty programs [J]. International Journal of Production Economics, 1997, 50 (2): 155-168.

[158] Lam Y, Lam P K W. An extended warranty policy with options open to consumers [J]. European Journal of Operational Research, 2001, 131 (3):

514-529.

[159] Rinsaka K, Sandoh H. A study on extension contract of warranty period [J]. Transactions of the Institute of Electronics Information & Communication Engineers A, 2001, 84: 528-542.

[160] Fries A, Sen A. A survey of discrete reliability – growth models [J]. IEEE Transactions on Reliability, 1996, 45 (4): 582-604.

[161] Hussain A Z M O, Murthy D N P. Warranty and redundancy design with uncertain quality [J]. IIE Transactions, 1998, 30 (12): 1191-1199.

[162] Hussain A Z M O, Murthy D N P. Warranty and optimal redundancy with uncertain quality [J]. Mathematical & Computer Modelling An International Journal, 2000, 31 (10-12): 175-182.

[163] Wu C C, Chou C Y, Huang C. Optimal burn-in time and warranty length under fully renewing combination free replacement and pro-rata warranty [J]. Reliability Engineering & System Safety, 2007, 92 (7): 914-920.

[164] Boulding W, Kirmani A. A consumer-side experimental examination of signaling theory: Do consumers perceive warranties as signals of quality? [J]. Journal of Consumer Research, 1993, 20 (1): 111-123.

[165] Agrawal J, Richardson P S, Grimm P E. The relationship between warranty and product reliability [J]. Journal of Consumer Affairs, 1996, 30 (2): 421-443.

[166] Lassar W M, Folkes V S, Grewal D, et al. Consumer affective reactions to product problems when the timing of warranty expiration varies [J]. Journal of Business Research, 1998, 42 (3): 265-270.

[167] Glickman T S, Berger P D. Optimal price and protection period decisions for a product under warranty [J]. Management Science, 1976, 22 (12): 1381-1390.

[168] Menezes M A J, Currim I S. An approach for determination of warranty length [J]. International Journal of Research in Marketing, 1992, 9

（2）：177-195.

［169］Mesak H I. Modelling monopolist pricing and protection period decisions for new products under warranty ［J］. Optimal Control Applications and Methods, 1996, 17（4）：231-252.

［170］Chun Y H, Tang K. Determining the optimal warranty price based on the producer's and customers' risk preferences ［J］. European Journal of Operational Research, 1995, 85（1）：97-110.

［171］De Croix G A. Optimal warranties, reliabilities and prices for durable goods in an oligopoly ［J］. European Journal of Operational Research, 1999, 112（3）：554-569.

［172］Iskandar B P, Murthy D N P. Repair-replace strategies for two-dimensional warranty policies ［J］. Mathematical and Computer Modelling, 2003, 38（11）：1233-1241.

［173］Jack N, Van der Duyn Schouten F. Optimal repair-replace strategies for a warranted product ［J］. International Journal of Production Economics, 2000, 67（1）：95-100.

［174］Menke W W. Determination of warranty reserves ［J］. Management Science, 1969, 15（10）：B-542-B-549.

［175］Amato H N, Anderson E E. Note-determination of warranty reserves: An extension ［J］. Management Science, 1976, 22（12）：1391-1394.

［176］Patankar J G, Mitra A. Effects of warranty execution on warranty reserve costs ［J］. Management Science, 1995, 41（3）：395-400.

［177］Brennan J R. Warranties: Planning analysis and implementation ［M］. New York: McGraw Hill, 1994.

［178］Menezes M A J, Quelch J A. Leverage your warranty program ［J］. MIT Sloan Management Review, 1990, 31（4）：69.

［179］Murthy D N P, Blischke W R. Strategic warranty management: A life – cycle approach ［J］. IEEE Transactions on Engineering Management, 2000, 47 (1): 40-54.

［180］Lyons K F, Murthy D N P. Warranty and manufacturing, integrated optimal modeling in production planning, inventory ［M］. New York: Kluwer Academic Publishers, 2001.

［181］刘子先, 余瑜, 刘旭. 对我国企业产品保证管理的几点思考 ［J］. 科学学与科学技术管理, 2004, 25 (5): 115-117.

［182］于俭, 丁志刚. 企业产品保证成本分析方法研究 ［J］. 华东经济管理, 2004, 18 (4): 61-63.

［183］于俭, 魏巧米, 姜亚军. 对制造企业产品保证沟通信息的探讨 ［J］. 经济论坛, 2005 (24): 79-81.

［184］郑永强. 面向产品保证链的产品保证信息整合研究 ［J］. 内蒙古农业大学学报 (社会科学版), 2006, 8 (2): 186-187.

［185］彭银雪. 再制造产品的保证策略研究 ［D］. 杭州电子科技大学硕士学位论文, 2011.

［186］于俭, 张晓珂. 基于产品保证的再制造产品销售策略研究 ［J］. 杭州电子科技大学学报 (社会科学版), 2013, (3): 33-36.

［187］张晓珂. 基于产品保证的再制造供应链定价模型研究 ［D］. 杭州电子科技大学硕士学位论文, 2014.

［188］Kopicky R J, Berg M J, Legg L, et al. Reuse and recycling: Reverse logistics opportunities ［M］. Illinois: Council of Logistics Management, Oak Brook, 1993.

［189］Rogers D S, Tibben-Lembke R S. Going backwards: Reverse logistics trends and practices ［M］. Pittsburgh: Reverse Logistics Executive Council, PA, 1999.

［190］Stock J R. Reverse logistics ［M］. Illinois: Council of Logistics Management, Oak Brook, 1992.

［191］Guide J V D R, Van Wassenhove L N. Managing product returns for remanufacturing ［J］. Production and Operations Management, 2001, 10（2）: 142-155.

［192］王玉燕. 基于博弈视角的闭环供应链定价与利益协调激励研究 ［D］. 南京航空航天大学, 2008.

［193］Krikke H R, Van Harten A, Schuur P C. Business case roteb: Recovery strategies for monitors ［J］. Computers & Industrial Engineering, 1999, 36（4）: 739-757.

［194］Inderfurth K, Teunter R H. Production planning and control of closed-loop supply chains ［J］. Econometric Institute Research Papers, 2001.

［195］Guide J V D R, Van Wassenhove L N. The evolution of closed-loop supply chain research ［J］. Operations Research, 2009, 57（1）: 10-18.

［196］邱若臻, 黄小原. 闭环供应链结构问题研究进展 ［J］. 管理评论, 2007, 19（1）: 49-55.

［197］Jeremy H. Environmental Supply Chain Dynamics ［J］. Journal of Cleaner Production, 2000（8）: 455-471.

［198］Lund, R. Remanufacturing: United States experience and implications for developing nations ［C］. World Bank, Washington, DC, 1983.

［199］Guide J V D R. Production planning and control for remanufacturing: Industry practice and research needs ［J］. Journal of Operations Management, 2000, 18（4）: 467-483.

［200］Steinhilper R. Remanufacturing: The ultimate form of recycling ［M］. Stuttgart: Fraunhofer-IRB-Verlag, 1998.

［201］徐滨士. 中国再制造工程及其进展 ［J］. 中国表面工程, 2010, 23（2）: 1-6.

［202］姚巨坤, 时小军. 再制造工程——末端产品最佳资源化方式 ［J］. 再生资源与循环经济, 2007（2）: 30-33.

［203］徐滨士, 张伟, 史佩京, 等. 再制造术语 ［M］. 北京: 中国标准出版社, 2009.

［204］陈海威．再制造产业：概念、问题与发展对策［J］．经济理论与经济管理，2007（6）：57-60．

［205］甘茂治，周红．绿色再制造工程及应用发展中的若干问题［J］．中国表面工程，2001，14（2）：16-19．

［206］陈翔宇，梁工谦．再制造业及其生产模式研究综述——美国的经验与中国的方向［J］．中国软科学，2006（5）：80-88．

［207］Lund R T. Remanufacturing［J］. Technology Review, 1984, 18（2）：18-23.

［208］Lund R T. The Remanufacturing industry–hidden giant［R］. Research Report, Manufacturing Engineering Department, Boston University, 1996.

［209］杜子学，严傲．美国汽车零部件再制造业发展启示录［J］．汽车工业研究，2008（10）：45-48．

［210］李建国，张秀棉．绿色再制造——资源环境与经济效益巨大的工程［J］．轻工机械，2006（2）：1-3．

［211］储伟俊，刘斌．国外再制造的研究与实践［J］．现代制造工程，2001（8）：7-9．

［212］孟赤兵．绿色制造与再制造［J］．再生资源与循环经济，2008，1（6）：42-44．

［213］马士华，林勇．供应链管理［M］．北京：高等教育出版社，2006．

［214］范文姬．不确定环境下的再制造物流系统库存控制与协调研究［D］．北京交通大学，2010．

［215］Guide J V D R, Jayaraman V, Linton J D. Building contingency planning for closed-loop supply chains with product recovery［J］. Journal of Operations Management, 2003, 21（3）：259-279.

［216］伊志宏．消费经济学［M］．北京：中国人民大学出版社，2004．

［217］Schiffman L G, Kanuk L L. Consumer behavior ［M］. Englewood Cliffs, N J：Prentice Hall, 1987.

［218］Engel J, Blackwell R, Miniard P. Consumer behavior ［M］. New York：CBS College Publishing, 1986.

［219］冉陆荣，李宝库. 消费者行为学 ［M］. 北京：北京理工大学出版社，2016.

［220］任会福. 基于消费者购买过程的营销策略 ［J］. 中国市场，2016（48）：18-19+23.

［221］吕品. 基于消费者购买决策过程的网络团购营销策略研究 ［J］. 现代商业，2015（17）：44-45.

［222］郭文英. 期望效用理论的发展 ［J］. 首都经济贸易大学学报，2005（5）：11-14.

［223］Lancaster, K. Socially optimal product differentiation ［J］. American Economic Review, 1975, 65：423-439.

［224］Lele M M, Karmarkar U S. Good product support is smart marketing ［J］. Harvard Business Review, 1983, 61（6）：124-132.

［225］Yeh R H, Chen M Y, Lin C Y. Optimal periodic replacement policy for repairable products under free－repair warranty ［J］. European Journal of Operational Research, 2007, 176（3）：1678-1686.

［226］徐滨士，董世运，朱胜，等. 再制造成形技术发展及展望 ［J］. 机械工程学报，2012, 48（15）：96-105.

［227］Lund R T. The remanufacturing industry：Hidden giant ［R］. Boston University, Boston, 1996.

［228］Sinha I, DeSarbo W S. An integrated approach toward the spatial modeling of perceived customer value ［J］. Journal of Marketing Research, 1998（1）：236-249.

［229］Mullet G M, Karson M J. Analysis of purchase intent scales weighted by probability of actual purchase ［J］. Journal of Marketing Research, 1985：

93-96.

［230］Armstrong J S, Morwitz V G, Kumar V. Sales forecasts for existing consumer products and services: Do purchase intentions contribute to accuracy? ［J］. International Journal of Forecasting, 2000, 16 (3): 383-397.

［231］冯建英, 穆维松, 傅泽田. 消费者的购买意愿研究综述［J］. 现代管理科学, 2006 (11): 7-9.

［232］Li K, Mallik S, Chhajed D. Design of extended warranties in supply chains under additive demand. Production and Operations Management, 2012, 21 (4): 730-746.

［233］Ferrer G, Swaminathan J M. Managing new and differentiated remanufactured products ［J］. European Journal of Operational Research, 2010, 203 (2): 370-379.

［234］Wu C H. OEM product design in a price competition with remanufactured product ［J］. Omega, 2013, 41 (2): 287-298.

［235］刘建伟, 马军海. 考虑产品保证的再制造闭环供应链决策研究［J］. 重庆理工大学学报（自然科学版）, 2016, 30 (10): 94-100.

［236］Liao B, Li B. Warranty as an effective strategy for remanufactured product ［J］. International Journal of Information Systems & Supply Chain Management, 2016, 9 (1): 41-57.

［237］Guide J V D R, Li J. The potential for cannibalization of new products sales by remanufactured products ［J］. Decision Sciences, 2010, 41 (3): 547-572.

［238］Bakal I S, Akcali E. Effects of random yield in remanufacturing with price-sensitive supply and demand ［J］. Production & Operations Management, 2006, 15 (3): 407-420.

［239］Li K, Mallik S, Chhajed D. Design of extended warranties in supply chains under additive demand ［J］. Production and Operations Management, 2012, 21 (4): 730-746.

［240］Kim B, Park S. Optimal pricing, EOL (end of life) warranty, and spare parts manufacturing strategy amid product transition ［J］. European Journal of Operational Research, 2008, 188 (3): 723-745.

［241］Tan S J, Lee K S, Lim G H. Warranty and warrantor reputations as signals of hybrid product quality ［J］. European Journal of Marketing, 2001, 35 (1/2): 110-132.